고조선의 8조법부터 제10차 개헌까지!

역사 속에 살아 숨 쉬는 우리 법

고조선의 8조법부터 제10차 개헌까지!

역사 속에 살아 숨 쉬는 우리 법

초판 1쇄 발행 | 2019년 6월 30일
초판 4쇄 발행 | 2020년 12월 30일

글쓴이 | 이향안
그린이 | 순미
펴낸이 | 조미현

책임편집 | 황정원
디자인 | 디자인 나비

펴낸곳 | (주)현암사
등록 | 1951년 12월 24일 · 제10-126호
주소 | 04029 서울시 마포구 동교로12안길 35
전화 | 365-5051 · 팩스 | 313-2729
전자우편 | child@hyeonamsa.com
홈페이지 | www.hyeonamsa.com
페이스북 | www.facebook.com/hyeonami
블로그 | blog.naver.com/hyeonamsa
트위터 | www.twitter.com/hyeonami

ⓒ이향안, 순미 2019

ISBN 978-89-323-7492-5 73360

- 이 도서의 국립중앙도서관 출판예정도서목록(CIP)은 서지정보유통지원시스템 홈페이지 (http://seoji.nl.go.kr)와 국가자료공동목록시스템(http://www.nl.go.kr/kolisnet)에서 이용하실 수 있습니다. (CIP제어번호:CIP2019022504)
- 이 책은 저작권법에 따라 보호를 받는 저작물이므로 저작권자와 출판사의 허락 없이 이 책의 내용을 복제하거나 다른 용도로 쓸 수 없습니다.
- 책값은 뒤표지에 있습니다. 잘못된 책은 바꾸어 드립니다.
- 현암주니어는 (주)현암사의 아동 브랜드입니다.

| 제품명 도서 | 전화번호 02-365-5051 | 제조년월 2020년 12월 | 제조국명 대한민국 |
| 제조자명 (주)현암사 | 사용연령 10세 이상 | 주소 서울시 마포구 동교로12안길 35 |

주의사항 책 모서리에 부딪히거나 종이에 베이지 않도록 주의해 주세요.
KC 마크는 이 제품이 공통안전기준에 적합하였음을 의미합니다.

고조선의 8조법부터 제10차 개헌까지!

역사 속에 살아 숨 쉬는 우리 법

이향안 글 · 순미 그림

현암
주니어

작가의 말

　우리 민족은 고대부터 이어지는 오랜 역사를 지녔어요. 그만큼 우리가 알아야 하는 역사 영역도 다양하고 넓지요.
　역사를 배우고 이해하는 방법은 다양해요. 구체적인 사건을 중심으로 알아볼 수도 있고, 음식 문화를 통해서도 역사를 배울 수 있어요. 전쟁이라는 소재를 중심으로 알아볼 수도 있고, 의복의 역사를 통해 공부할 수도 있어요.
　다양한 방법 가운데서도 우리는 법을 통해 역사를 알아보려고 해요.
　법은 어렵지 않느냐고요?
　그렇지 않아요. 법이라고 무조건 어렵다고 생각하는 건 선입견에 불과하답니다.
　고조선의 법에는 이런 내용이 있어요.
　"남에게 상해를 입힌 자는 곡식으로 갚아야 한다."

아주 단순하고 명료하죠. 이처럼 고대의 법을 보면 쉽고 단순했어요.

다만 사회가 발전하면서 법도 발전할 수밖에 없었어요. 그 과정을 통해 보다 다양하고 복잡한 내용의 법들이 나타나게 된 거지요.

하지만 다양해진 법도 고대부터 찬찬히 알아 가다 보면 어렵지 않게 이해할 수 있어요. 우리 역사 속에서 살펴보면 그런 법이 나온 이유와 과정도 자연스럽게 이해할 수 있으니까요.

법 속에는 그 시대를 살아가는 사람들의 생각과 문화, 역사가 담겨 있어요. 그 때문에 법을 통해 그 시대의 고유한 문화와 환경 등 다양한 것들을 이해할 수가 있지요.

자, 그럼 아주 오래전 이 땅에 나라가 탄생한 그 시절부터 가 볼까요?

그 시대에는 어떤 법이 있었을까요?

기대해요.

여러분은 지금 아주 특별한 시간 여행을 향해 출발한 거니까요.

차례

작가의 말 4

고대에도 법이 있었다고? 8
| 우리나라 최초의 법, 고조선의 8조법 |

나라의 법! 국법을 만들자! 24
| 고구려 소수림왕의 율령 반포 |

통일된 나라를 다스리는 법! 38
| 고려의 법, 고려율 |

조선 최고의 법전! 54
| 조선의 《경국대전》 |

조선을 뒤덮은 이상하고 나쁜 법! 72
| 일제 강점기의 악법 |

민주주의 이념을 담아라! 88
| 대한민국 헌법 제정 |

독재를 하기 위해 만든 법! 104
| 1972년 유신 헌법 |

더 좋은 세상을 위한 법! 120
| 직선제 개헌과 제10차 개헌 |

참고한 자료 132

고대에도 법이 있었다고?

우리나라 최초의 법, 고조선의 8조법

아래 그림 속 내용은 뭘까요? 자세히 보면 이런 내용이에요.
상해를 입힌 자는 곡물로 갚는다. 도둑질을 하면 노비로 삼는다.
아하! 뭔가 죄를 지은 사람들에게 내리는
벌의 내용이란 걸 알 수 있어요. 바로 우리나라 최초의 국가,
고조선의 법인 8조법의 일부예요.
8조법이란 어떤 법일까요?
고조선에서는 왜 이런 법을 만들었을까요?

오늘부터 너희 집 노비니라!

아주아주 오랜 옛날, 작은 고을에서 어둠을 가르는 고함 소리가 들렸어요.

"도둑이야, 도둑! 도둑 잡아라!"

다다다, 투닥투닥, 거친 소리도 연이어 들려왔지요.

"이키! 뭔 소리야?"

그 소리에 잠이 깬 사람들은 어리둥절했어요.

"도둑이 들었나 보네. 이를 어째!"

"어쩌긴! 어서 나가서 도둑을 잡아야지."

사람들은 손에 잡히는 대로 몽둥이나 빗자루를 집어 들고는 허둥지둥 달려 나왔어요. 횃불을 들고 나온 이도 있었지요.

"저기 저! 도둑이 달아나네, 도둑이!"

횃불에 비친 상황은 몹시 다급했어요. 커다란 덩치의 낯선 사내가 어깨에 자루를 둘러메고서 달아나고 있지

뭐예요. 반면, 고함을 지르며 쫓아가는 이는 고을 어린아이인 당이였어요. 아무리 용을 써도 사내를 쫓기엔 당이 걸음이 턱없이 모자라 보였지요.

"아이쿠! 저러다간 놓치고 말겠는걸."

급한 마음에 횃불을 든 이가 고함을 지르며 달렸어요.

"게 섰거라, 이 도둑놈아!"

뒤를 따라 다른 이들도 우르르 달려갔지요.

힘이 센 사내라도 온 동네 사람들이 한꺼번에 달려드는 걸 당할 순 없었어요. 사내는 곧 사람들 손에 잡히고 말았지요.

그런데 사내의 얼굴을 확인한 사람들은 화들짝 놀라고 말았어요.

"이놈은 옆 고을 사내잖아."

이웃으로 믿었던 사람이 도둑이라니!

사내 어깨에서 떨어진 쌀자루를 보며 사람들은 혀를 찼지요.

"세상에! 믿을 사람이 없구만. 쯧쯧!"

"당이야, 이게 대체 뭔 일이냐?"

그제야 당이는 사건의 내막을 설명하기 시작했어요.

"요즘 어머니가 창고의 쌀이 조금씩 없어지는 것 같다고 하지 뭐예요. 그래서 며칠 전부터 밤마다 창고에 숨어 있었는데, 오늘 딱 걸린 거죠."

마침 뒤늦게 달려 나온 당이 엄마도 놀라서 고함을 쳤어요.

"아이쿠! 이게 웬일이야? 정말 도둑이 들다니!"

그제야 사내는 두 손을 싹싹 빌며 울먹였어요.

"잘못했어요! 용서해 주세요! 배가 고파서 그랬어요."

사내는 옆 고을에서도 소문난 게으름뱅이였어요. 고을 사람들이 힘들게 농사짓는 철에도 빈둥빈둥 놀기만 했지요. 그러다 막상 먹을 게 떨어지자 나쁜 마음을 먹었고, 옆 고을 당이네를 떠올린 거지요. 당이는 엄마와 단둘이 살거든요.

"힘센 아버지가 없으니 그 집이라면 도둑질을 해도 잡힐 염려가 없겠지?"

당이가 얼마나 당차고 똑똑한 아이인지를 몰랐던 거예요.

그런데 막상 우는 사내를 보자 당이네 엄마는 마음이 아픈 모양이었어요.

"아휴! 얼마나 배가 고팠으면 그랬을꼬?"

금세라도 사내를 용서하고 풀어 줄 눈치였지요.

하지만 고을 사람들은 절레절레 고개를 저었어요.

"도둑질은 절대 용서 못 해! 벌을 줘야 해!"

"맞아! 우리 고을을 다스리는 수령님이 판단해 주실 거야."

결국, 날이 밝자마자 당이네 고을에선 회의가 벌어졌어요. 고을에서 가장 나이가 많은 수령이 원로들과 하는 회의였어요

얼마나 시간이 지났을까. 드디어 회의가 끝났어요. 수령은 마을 사람들에게 회의 결과를 알렸지요.

도둑질한 자는 노비로 삼아라.

"우리 부족에서는 절대로 해선 안 되는 여덟 가지 죄를 정해 두고 있단 걸 모두 알 것이다. 그에 대한 벌도 이미 정해져 있단 것 또한

알 것이다. 도둑질도 그 여덟 가지 죄 가운데 하나인 큰 죄이니라."

수령님의 말에 당이의 눈이 반짝 빛났지요.

'맞아! 여덟 가지 죄는 큰 벌로 다스린다고 했지? 도둑질한 죄인에게는 어떤 벌이 내려질까?'

그 순간, 수령이 근엄한 목소리로 소리쳤어요.

"정해진 규율에 따라 벌을 내리겠노라. 우리 부족은 예로부터 도둑질한 자는 노비로 삼았다. 그에 따라 쌀을 훔친 저자를 오늘부터 당이네 노비로 삼노라. 당이야! 이제부터 힘든 일은 모두 저놈에게 시키거라!"

우리나라 최초의 법, 8조법

이 이야기는 우리나라 최초의 국가인 고조선을 배경으로 만들어 본 상황이에요. 그 당시에는 도둑이 생겼을 때 어떤 일이 벌어졌을까를 상상해 본 거지요.

고조선이 어떤 나라냐고요?

'단군 신화' 이야기를 들어 본 적이 있을 거예요. 하늘을 다스리는 환인의 아들 환웅이 인간 세상에 내려와서 웅녀˚와 혼인을 해요. 그 혼인으로 생긴 아이, 단군이 훗날 평양을 도읍으로 정하고, '조선'이라는 국호의 나라를 세운다는 내용이에요. 그 나라가 바로 우리 한민족 최초의 국가인 고조선이지요. 고조선은 기원전 2333년에 건국되었어요. 신화로 여겨질 만큼 오래전에 있었던 고대의 국가예요.

그렇게 오래전부터 법이 있었다니! 신기하고 놀랍지 않나요?

고조선의 법은 여덟 가지 조항으로 된 '8조법'이었어요. 8조법은 흔히 '8조 금법'이라고 하는데, '해서는 안 되는 여덟 가지 죄'라는 의미지요.

그런데 아쉽게도 8조법에 관한 내용은 거의 알려져 있지 않아요. 당시를 기록한 책이나 유적이 우리나라에 없기 때문이지요.

˚사람으로 변한 곰 여인.

그나마 다행인 건, 중국의 역사서인 《한서》 '지리지' 편에 8조법 가운데 세 가지 내용이 기록되어 있다는 거예요. 그 내용은 다음과 같아요.

- 다른 사람을 죽인 자는 사형에 처한다.
- 다른 사람에게 상해를 입힌 자는 곡물로 갚아야 한다.
- 도둑질을 하면 노비로 삼고, 노비가 되지 않으려면 50만 전을 내야 한다.

비록 세 가지 내용이지만, 이것만으로도 당시 8조법의 특징을 짐작할 수 있어요. 사람을 죽이면 똑같이 죽음으로 벌을 주고, 도둑질을 하면 노비로 삼는다는 것만 봐도 강력한 법이었단 걸 알 수 있으니까요. 지은 죄와 같은 무게의 벌로 죄를 심판했던 거지요.

위의 세 가지 조항을 곰곰이 살펴보면 아주 재미난 사실도 발견할 수 있어요. 그 내용들을 통해 고조선 사람들의 생활 모습을 그려 볼 수 있거든요.

'곡물로 갚아야 한다'는 글을 본 순간 이런 생각을 하게 되지 않나요?

"아하! 고조선 사람들도 농사를 지었구나!"

또 이런 생각을 해 볼 수도 있지요.

"곡식으로 갚았다는 건 개개인마다 재산을 갖고 있었다는 거네."

'도둑질을 하면 노비로 삼고'라는 내용은 더 많은 사실을 알려 주고 있어요. '노비'라는 말을 통해 노예 제도가 있는 신분 사회였단 걸 알 수 있으니까요. '50만 전'이란 말에서는 화폐를 사용했단 사실도 알 수 있잖아요.

8조법은 우리에게 궁금했던 옛 조상들의 생활 모습을 보여 주는 사진 같은 역할을 하고 있는 거지요.

법은 왜 생겼을까요?

그런데 고조선의 8조법은 관습법에 해당해요. 관습법이란 '관습적으로 내려온 법'을 말해요. '어떤 죄를 지을 땐 어떤 벌을 주어야 한다'는 것이 오랫동안 이어져 내려왔고, 그것이 법의 역할을 했던 거지요.

그렇다면 이런 법들은 왜, 어떻게 생겨난 걸까요?

도덕이나 관습, 법을 일컬어 '규범'이라고 하지요. 이 같은 규범은 '남는 생산물을 어떻게 나누어 가질 것인가'를 정하는 과정에서 시작되었다고 해요.

사실 아주 오래전 원시 공동체 사회에선 특별한 법이 필요하지 않

앉을지도 몰라요. 모두 같이 힘을 모아 사냥을 하고 그걸 똑같이 나누어 먹었으니까요.

그런데 농업을 시작하게 되고 사회가 복잡하게 발달해 가면서 문제가 생겨났어요. 농사를 지으면서 개인 재산이 생기자 '많이 가진 자'와 '덜 가진 자'가 생겨난 거예요. 더불어 도둑질을 하거나 남을 해하는 일도 벌어졌지요.

인간이 청동기를 사용하고, 그걸로 무기를 만들면서부터는 다른 부족과의 전쟁도 자주 발생했어요. 전쟁에서 이긴 부족이 진 부족을 지배하게 되면서 '지배하는 자'와 '지배받는 자'도 생겨났고요. 더 나아가 힘이 강해진 지배자는 세력을 넓히며 '나라'를 세우기까지 했지요.

다른 부족까지 합쳐진 나라는 당연히 예전보다 크고 복잡했어요. 나라 안에서는 갈등과 다툼, 다양한 범죄가 생겨났지요. 그러니 나라를 잘 다스리기 위해서는 강력한 규범이 필요할 수밖에 없었어요.

그렇게 해서 생겨난 것이 바로 '법'이지요. 고조선의 8조법도 그렇게 생겨난 법이었던 거예요.

인간이 함께 모여 공동생활을 하게 되고, '가진 자'와 '덜 가진 자'가 생기며 만들어졌다는 법!

그렇다면 인간 사회가 복잡해질수록 법은 점점 더 많아지겠지요. 과연 한반도 땅엔 또 어떤 법들이 생겨나게 될까요?

고대의 오래된 법전들

지금까지 알려진 가장 오래된 성문법은 우르남무 법전이에요. 이 법전은 수메르의 고대 도시 국가에서 기원전 2100년~기원전 2050년 사이에 제정된 것으로 예측되는데, 그 내용 중 일부를 보면 다음과 같아요.

"제1조. 살인을 저지른 사람은 사형되어야 한다."
"제2조. 절도를 하면 사형될 것이다."

약 300년쯤 뒤, 고대 바빌로니아 왕조에서도 법전이 만들어졌어요. 바로 함무라비 왕이 만든 함무라비 법전이에요.

그 조항들 중 일부를 보면 다음과 같아요.

"제196조. 눈을 뽑은 자는 그 눈을 뽑는다."
"제197조. 뼈를 부러뜨린 자는 그 뼈를 부러뜨린다."

세상에나! 무시무시하죠?
함무라비 법전에는 '눈에는 눈! 귀에는 귀!'라는 글이 있어요. 죄를 범한 자에겐 그대로 벌로 갚아 준다는 의미지요. 이런 법은 8조법과 같은 고대법의 특징이기도 해요.
그렇다면 벌은 누구에게나 똑같이 내려졌던 걸까요?
그렇지 않아요.

"제8조. 사람이 소나 양이나 나귀나 돼지를 훔쳤는데 그게 만약 신전이나 궁전의 것이면 30배를 물고, 천민의 것이면 10배를 물어야 한다."

같은 죄인데도 그 상대의 신분에 따라 처벌과 벌금이 달랐던 거지요. 이 사실은 법을 만든 사람이 누구이고, 당시가 어떤 시대였나에 따라 법의 의미와 내용이 달라진다는 것을 말해요.

나라의 법! 국법을 만들자!

고구려 소수림왕의 율령 반포

이게 무슨 장면이냐고요?
그림 속 사람의 옷차림이나 장신구를 보면
왕이란 걸 알 수 있어요. 왕이 뭔가를 말하는 모습에서
상당히 중요한 내용이란 것도 짐작할 수 있지요.
이 장면은 고구려의 왕이 율령격식을 반포하는 모습이에요.
과연 이 왕은 누구일까요?
율령격식은 무엇이고, 왕은 왜 율령을 반포한 걸까요?

나라를 튼튼하게 하려면 법이 필요해!

깊은 밤, 고구려의 소수림왕은 잠을 이룰 수 없었어요.
"이 나라를 어떻게 해야 잘 이끌어 갈 수 있을꼬?"
나라 걱정에 좀처럼 잠들지 못하는 거지요.
"이 나라가 생긴 지도 어언 삼백 년! 그런데도 나라의 기틀을 잡으려면 해야 할 일이 너무 많구나."

소수림왕은 고구려의 제17대 왕이에요. 고구려는 그동안 주변 나라들과 많은 전쟁을 벌이며 영토를 확장해 왔어요. 덕분에 많은 부족을 흡수하며 부강한 나라로 커 왔지요.

그런데 나라가 커 갈수록 왕의 고민은 깊어질 수밖에 없었어요. 커진 땅과 늘어난 백성만큼 문제와 갈등이 많아졌으니까요.

"이 나라를 지금처럼 강하게 이끌려면 백성들을 하나로 단합시켜야 해. 하지만 우리나라는 여러 부족들이 합쳐지다 보니 백성들의 마음을 합치기가 쉽지 않구나.

좋은 방법이 없을꼬?"

고민 끝에 왕은 날이 밝자마자 신하들을 불러 모았어요. 그리고 진지한 목소리로 명령했지요.

"이 나라 백성들을 더욱 단단히 결합시켜 나라를 튼튼하게 할 방법이 필요하오. 오늘부터 백성들의 상황과 고민, 갈등 등을 조사하여 그 방법을 찾아보도록 하시오."

"예! 분부대로 하겠나이다!"

신하들은 그 길로 조사에 나섰어요.

"백성들의 마음을 단단히 합치게 할 방법이라? 그게 뭘까?"

"나라를 보다 튼튼하게 할 방법이 무엇일꼬?"

그리고 얼마 뒤, 궁궐 안에서는 중대한 회의가 벌어졌어요. 지금껏 조사하고 고민한 내용들을 이야기하는 회의였지요.

"자, 대신들은 각자 생각한 방법들을 말해 보시오."

왕의 말에 가장 키가 작은 대신이 말했어요.

"백성들을 위한 큰 행사를 벌이면 어떨까요? 같이 놀이도 하고 맛있는 음식도 나눠 먹으면 단결심이 강해질 것입니다."

왕은 고개를 끄덕였어요.

"음…… 그것도 좋은 방법이구려. 또 다른 의견은 없소?"

이번엔 눈이 가자미처럼 생긴 대신이 입을 열었어요.

"우리 고구려가 전쟁을 통해 여러 부족을 정복하다 보니 각 부족 간

갈등이 심한 것이 문제이지 않습니까? 그러니 각 고을 장들에게 명령하여 백성들에게 우리 고구려의 전통 문화와 풍습을 알려 익히게 하는 건 어떨까요?"

"음…… 그 방법도 나쁘진 않구려."

유난히 큰 눈을 가진 대신이 번쩍 고개를 쳐든 건 그때였어요.

"아하! 임금님, 이건 어떨까요?"

"좋은 방법이 있소? 어서 말해 보시오."

"제가 조사를 해 보니, 다른 부족이었다가 새로 고구려 백성이 된 사람들은 우리 고구려의 법을 잘 모르고 있었습니다. 그래서 자신들이 속했던 부족의 법을 그대로 따르고 있는 경우가 많았습니다."

"그렇소? 그건 큰 문제구려. 우리나라엔 우리나라만의 법이 있는데, 그게 잘 알려지지 않고 있단 소리가 아니오? 그렇다면 누군가 죄를 지었을 때 그 벌을 어떻게 내린단 말이오? 부족마다 서로 다른 벌을 주장할 게 아니오?"

"바로 그겁니다. 그때마다 갈등이 벌어지니 백성들의 마음이 하나로 합쳐지기 힘든 거지요. 같은 부족 출신끼리만 결속력이 강해지는 겁니다."

왕의 표정은 아주 어두워졌어요.

"그럼 이를 어쩐단 말이오?"

하지만 대신은 두 눈을 반짝 빛냈지요.

"걱정하실 것 없습니다. 문제를 알면 답도 찾을 수 있는 법이니까요."

"문제를 알면 답도 찾는다? 문제는 부족 간의 법이 다르다는 것이니……."

순간 왕은 무릎을 탁 쳤지요.

"옳거니! 새로운 백성들에게 고구려의 법을 알리면 되겠군."

"맞습니다. 말로만 전하고 있는 우리 고구려의 법을 확실하게 글로 적어 알리는 거지요."

"그거 좋은 생각이오. 이참에 우리 고구려만의 새 법도 제대로 만들어야겠소."

근심으로 가득하던 왕의 얼굴이 보름달처럼 환해졌어요. 왕은 신하들을 향해 소리쳤지요.

"대신들은 들으시오. 그동안 관습으로 내려오던 법을 글로 적어 제대로 된 나라의 법을 만들고 알리도록 하시오!"

나라의 법! 국법을 만들다!

소수림왕이 말한 '제대로 된 나라의 법'이란 뭘까요? 우린 그걸 '국법', 즉 '나라의 법'이라고 해요.

당시 한반도는 어수선한 시기였어요. 고조선이 멸망한 후, 이 땅에는 부족 국가이던 고구려와 신라, 백제, 세 나라가 앞서거니 뒤서거니 하며 발전하고 있었거든요. 한반도에 삼국 시대가 시작된 거예요.

그런데 제대로 된 나라로 우뚝 서기 위해서는 삼국 모두에게 절실한 것이 있었어요. 바로 국법이었지요.

당시 세 나라를 움직이는 법은 예부터 관습적으로 사용하던 관습법이었어요. 그러다 보니 부족마다 법과 규율이 다르고, 뚜렷한 형벌의 체계도 잡히지 않았지요. 모든 백성들을 다스릴 수 있는 공통된 나라의 법이 필요해진 거예요.

이에 세 나라는 국법 제정에 나섰는데, 이렇게 만들어진 고대 국가의 법률이 '율령'이에요.

당시 율령제는 '율령격식'의 체계를 갖추고 있었어요. '율'은 지금의 형벌 법규에 해당하는데, 죄를 지은 자에게 어떤 벌을 주어야 할지를 정하는 법 규범이에요. '령'은 행정 법규로, 나라를 어떻게 다스려야 할지를 정한 법규지요. '격'은 시간이 지나면서 바뀐 환경이나 변화에 맞춰 변화한 법을 말하는 것이고, '식'은 법을 시행하기 위한 세부적인 법을 말해요.

형벌과 행정 법규를 갖추었다니! 예전의 고조선 법과는 비교도 되지 않을 정도로 세부적인 내용이었을 게 분명하지요. 게다가 입으로만 전해지던 예전 법들과는 달리, 율령의 내용들은 글로 적혀 기록되었어요. 이런 법을 성문법이라고 하지요.

나라를 우뚝 세운 삼국의 율령

세 나라 중 가장 먼저 율령을 반포한 건 백제였어요. 부여에서 남쪽으로 내려온 세력에 의해 만들어진 백제는 부여의 법을 바탕으로 법과 제도를 다듬었어요. 그리고 3세기 고이왕 때 율령을 반포했지요.

그 뒤를 이어 고구려가 4세기 소수림왕 때 율령을 반포했고, 신라는 6세기 법흥왕에 이르러 율령을 반포했어요. 이로써 삼국은 국법을 갖춘 나라다운 나라로 우뚝 서게 된 거예요.

각 나라의 율령이 궁금하다고요?

안타깝게도 확인할 수 있는 유물이 남아 있지 않은 탓에 그 내용은 정확히 알 수 없어요. 다만 다른 유물이나 당시의 역사적 상황들을 통해 그 내용을 추측할 따름이지요.

백제는 중국이나 일본 등과 상거래가 활발했던 나라예요. 그 때문에 상도덕을 무너뜨리는 범죄를 특히 엄히 다스렸고, 나라의 질서를 바로잡는 데 힘을 기울였다고 해요.

신라에는 청소년 교육 제도인 화랑도나 신분 제도인 골품제 등 특별한 제도가 많았다고 하지요.

고구려는 율령 반포 이후 가장 크게 발전한 나라예요. 법을 통해 국가 체계가 정비되고 통치의 기틀이 마련되자, 그를 기반으로 세력을 키워 나가며 동북아시아를 호령하는 광개토대왕 시대를 맞이하게 되었거든요. 그 후엔 장수왕 시대를 거치면서 태평성대를 이룰 수 있었지요.

그런데 당시 삼국의 법은 현대 법들과는 많이 달랐어요. 법을 말할 때 보통 '법은 국민의 상식으로 받아들일 수 있는 것이어야 정당성과 실효성을 가진다'고 말해요. 즉, 국민 누구에게나 평등하고 정의롭게 적용되는 법이어야 한다는 거지요.

하지만 옛날의 법들은 그렇지 못했어요. 당시의 법들이 왕과 귀족들에 의해 일방적으로 만들어졌기 때문이지요.

이런 현상은 동양과 서양 모두에서 생겨났어요. 왕은 마치 신처럼 받들어졌고, 그런 왕이 만든 법은 하늘의 뜻과 같았던 거예요.

왕과 귀족들은 당연히 자신들에게 이로운 법을 만들고 싶어 했어요. 법을 이용해 백성들의 재산과 노동력을 빼앗는 일도 많았지요. 법이 왕과 귀족을 위한 도구로 쓰였던 거예요.

그러다 보니 백성들은 살기가 힘들고 괴로울 수밖에 없었어요. 그 괴로움의 정도는 통일 신라 시대 후기에 특히 심해졌어요.

불행을 가져온 신라의 세법

7세기 경, 신라는 중국 당나라와 손을 잡고서 고구려와 백제를 무너뜨리며 삼국을 통일했지요. 통일 신라는 나라의 기틀을 완성하기 위해 법을 다듬었는데, 특히 세법을 갖추는 데 힘을 기울였다고 해요.

세법은 백성들에게서 세금을 거두는 법이에요. 나라를 제대로 운영하려면 적절한 세금을 거두는 게 중요하단 걸 신라의 왕과 귀족들도 잘 알고 있었던 거지요.

하지만 이 세법이 큰 불행을 가져오고 말아요.

당시 신라에는 각 지방을 다스리는 호족들이 큰 힘을 가지고 있었어요. 힘이 강해진 호족들은 그 힘을 이용해서 재산을 불리려고 했지요. 그래서 불법적인 방법으로 세금을 거둬들이며 백성들을 괴롭혔어

요. 왕까지 백성들의 삶보다는 더 많은 세금을 거둬들이는 방법에 몰두했고요.

그러다 보니 백성들의 생활은 견디지 못할 정도로 각박해졌고, 세금 내기를 거부하는 백성들까지 생겨났어요. 불만에 찬 백성들은 난을 일으켰고, 민란은 전국 곳곳으로 번져 갔지요.

그 결과, 신라는 혼란에 빠지며 몰락의 길을 걷게 돼요. 물론 통일 신라가 멸망한 데에는 다양한 이유가 있지만, 잘못된 세금 제도와 지도층의 부정부패도 큰 원인이었던 거지요.

호족들 배만 불리다니, 세금 못 내겠소!

신라의 몰락은 우리에게 중요한 사실을 깨닫게 해 줘요. 백성이 행복하지 않은 나라는 오래 가지 못한다는 거예요. 그리고 진정한 법은 권력자의 이익을 위한 것이 아닌, 바로 백성을 위한 것이어야 한다는 거지요.

그렇다면 한반도 땅에서는 언제쯤 '진정으로 백성을 위한 법'이 등장하게 될까요?

통일 신라가 멸망한 뒤 생겨난 고려에선 그런 법이 나타날까요?

백성을 위한 법, 고구려의 진대법!

고구려의 율령 반포 이야기를 듣다 보면 이런 궁금증이 생기지 않나요?
"고구려, 신라, 백제의 율령은 어떤 내용이었을까?"

아쉽게도 그 상세한 내용은 현재 알 수 없어요. 역사상 한반도에서 많은 전쟁이 일어나다 보니 그와 관련된 문헌들이 대부분 사라졌거든요.

그 때문에 고려 시대에 기록된 《삼국사기》 등의 옛 문헌이나 중국, 일본 등의 기록을 통해 그 내용을 짐작하는 정도예요.

그런데 그 기록들에 의미 있는 법 하나가 등장해요. 바로 고구려의 '진대법'이에요. 농업 기술이 발달하지 못했던 옛날에는 곡식의 수확량이 많지 않았어요. 그래서 봄철이면 끼니를 잇지 못해 죽어 가는 백성들이 생겨났지요.

그러자 고구려의 고국천왕과 재상 을파소는 '진대법'이라는 새로운 법을 만들어요. 진대법은 곡식이 부족해지는 봄에 나라의 곡식을 풀어 백성들에게 빌려주고, 곡식을 수확하는 가을이 되면 빌려준 곡식을 돌려받는 제도예요. 물론 곡식에 대한 이자도 저렴하게 정해졌지요.

진대법처럼 가난한 백성을 구하고자 만들어진 법을 '구휼법'이라고 해요. 구휼법은 그 후에도 우리나라 역사 속에 종종 등장하게 되는데, 고려의 의창이나 조선의 환곡 등이 바로 그런 제도예요.

고려의 법, 고려율

한 죄인이 벌을 받고 있어요.
두꺼운 막대기로 때리는 장형이라는 벌을 받네요.
고려 시대엔 죄의 무게에 따라
다섯 가지의 형벌로 처벌을 했어요.
과연 다섯 가지 형벌은 어떤 것이었을까요?
고려 시대의 법은 어땠을까요?

세 번은 재판을 받을 수 있느니라!

　오늘은 돌쇠 아버지 살인 사건의 재판이 벌어지는 날이에요. 사흘 전 밤, 돌쇠 아버지가 집 뒷마당에서 누군가 내리친 돌에 맞아 죽고 말았거든요.
　"세상에나! 사람을 죽이다니!"
　"나쁜 늙은이 같으니라고!"
　관아에 모여든 사람들은 밧줄에 꽁꽁 묶인 김 노인을 향해 분노의 고함을 질러 댔지요. 원님이 병졸들을 시켜 사건을 조사한 결과, 돌쇠네 옆집에 사는 김 노인이 용의자로 잡혀 온 거예요.
　병졸은 확신에 찬 목소리로 말했어요.
　"돌쇠의 말에 따르면, 돌쇠 아버지는 뒷마당에 항아리를 묻어 두고 돈을 거기에 숨겼답니다. 그날 밤에도 돌쇠 아버지가 나무 판 돈을 숨긴다며 뒷마당으로 갔다는 거예요. 그런데 잠시 뒤에 '억' 하는 비명 소리가 나서 나가 보니 아버지는 쓰러져 있고, 항아리가 사라졌다지 뭡니까. 김 노인이 돌쇠 아비를 죽이고 항아리를 훔친 게 분명합니다."

하지만 김 노인은 고개를 저으며 울었어요.
"아닙니다요. 아니에요. 제가 왜 돌쇠 아버지를 죽입니까. 억울합니다. 흑흑!"

원님은 날카로운 눈빛을 빛내며 병졸에게 물었어요.

"김 노인을 범인으로 보는 이유가 무엇이냐?"

"돌쇠 말이, 아버지 비명 소리에 달려간 순간, 항아리를 든 검은 그림자가 옆집 담을 훌쩍 넘어가더라는 거예요. 그래서 옆집 김 노인네 집을 수색했더니 장독대에 이 항아리가 있지 뭡니까."

병졸은 흙이 묻은 항아리를 증거로 내놓았지요.

"확실하네, 확실해! 김 노인 짓이구만!"

마을 사람들은 김 노인을 향해 욕을 하며 손가락질을 했어요.

원님 곁의 벼슬아치들도 확신에 찬 목소리로 소리쳤어요.

"당장 김 노인을 사형에 처하십시오."

"그렇습니다. 살인은 우리 법에서 정한 가장 큰 범죄 중 하나이고, 그런 범죄엔 사형을 내리는 법이지요. 김 노인에게 사형을 내려야 합니다."

그런데 원님은 자꾸 고개를 갸웃거리지 뭐예요.

"이상하군. 장독대라면 금세 사람들 눈에 띌 텐데, 범행의 증거가 될 항아리를 왜 하필 거기에 두었을꼬?"

원님은 김 노인을 빤히 보더니 고개를 더욱 갸웃거렸지요.

"걸음도 시원찮은 노인이던데 어찌 그 밤중에 담을 훌쩍 넘었단 말인가?"

하지만 분노한 사람들은 아랑곳하지 않았어요.

"증거가 명확하지 않습니까? 당장 김 노인을 사형에 처해야 합니다!"

"가엾은 돌쇠 아비의 원수를 갚아야 해요."

그런데도 원님은 고개를 자꾸 갸웃거렸지요.

"김 노인에게 사형을 내리기엔 의심스러운 것이 많아."

고민하던 원님은 사람들에게 말했어요.

"우리 법엔 삼심제라는 게 있소. 큰 죄를 지은 범인이라도 세 번은 재판을 받을 수 있지 않소. 이 사건은 아직 증거가 불충분하니 다음 재판인 이심에서 제대로 다뤄질 것이오."

얼마 후 두 번째 재판인 2심이 벌어졌어요. 이번 재판은 고을 원님이 아니라 여러 고을을 다스리는 더 높은 기관의 관리가 맡았어요. 김 노인은 여전히 억울함을 호소했지요.

"전 그날 밤 일찍 잠자리에 들었어요. 돌쇠네 마당에 항아리가 있는 건 꿈에도 몰랐고요."

하지만 김 노인의 말을 놀리듯 이번에는 증인까지 나타났지 뭐예요. 같은 마을에 사는 박 씨가 그날 밤 도망가는 김 노인을 봤다며 나선 거예요.

"제가 이 두 눈으로 분명히 봤어요. 잠이 안 와서 산책 중이었는데, 누군가 담을 훌쩍 넘는 게 보이더라고요. 가만 보니 항아리를 든 김

노인이지 뭐예요."

박 씨의 말에 관리는 눈빛이 날카로워졌어요. 관리는 의뭉스런 목소리로 물었지요.

"담을 넘는 이가 김 노인이란 걸 어찌 알았느냐?"

"같은 마을 사람인데 척 보면 알지요. 저 코 밑에 점을 보십시오. 분명 저 점을 보았다니까요. 저 구멍 난 바지도 봤구요. 김 노인이 분명합니다요."

관리가 꽥 고함을 친 건 그때였어요.

"네 이놈! 감히 어디서 거짓말을 지껄이느냐?"

재판을 지켜보던 고을 사람들은 어리둥절했어요.

"왜 저러시는 거지? 뭐가 거짓말이란 거야?"

"그날 밤은 달도 뜨지 않은 캄캄한 밤이었느니라. 그런데 어찌 멀리 있는 사람의 코밑 점을 보고, 바지에 난 구멍을 볼 수 있단 말이냐?"

관리의 목소리는 더욱 커졌어요.

"거짓말까지 꾸미는 걸 보니 아무래도 네 놈이 수상하구나. 병졸들은 당장 저놈의 집을 수색하여라. 산책을 하다가 돌쇠 아비가 돈을 숨기는 걸 보고서는

만세! 삼심제가 사람을 살렸다!

욕심이 나서 범죄를 저질렀지 싶구나. 항아리를 김 씨 노인 집에 두고, 돈은 제 집 어딘가에 숨겨 두었을 것이다."

그제야 사람들은 고개를 끄덕였지요.

"아하! 그렇구만. 뭔가 이상하긴 했어. 착한 김 노인이 그런 짓을 할 리 없잖아. 지난번 재판에서 그냥 김 노인에게 사형을 내렸으면 어쩔 뻔했담?"

"그러게 말이야. 삼심제가 김 노인을 살렸네. 이제 마지막 세 번째 재판이 열리겠군. 그때는 박 씨가 범인이란 증거가 나올까? 김 노인이 누명을 썼단 게 밝혀질까? 모두 잘 지켜봐야겠어."

혼란한 나라를 바로잡을 법, 고려율

삼심제(三審制)란 아무리 큰 죄를 지은 사람이라도 세 번 재판을 받을 수 있게 한 법이에요. 고려 시대의 법인 고려율 중 하나이지요. 잘못된 증거나 증인으로 인해 억울한 이가 생기는 걸 막기 위해 만들어진 법이에요.

삼심제를 통해 알 수 있듯이 고려의 법은 삼국 시대의 법보다 그 내용이 훨씬 세밀하고 신중했어요.

법을 집행하는 기관도 발달해서 중앙 행정 조직인 육부에 형부가 있었고, 일반적인 사건은 대부분 고을 원님이 맡아서 다스렸어요.

고려의 법이 이렇게 발달한 건 고려 초의 혼란한 상황 때문이었어요. 통일 신라가 망하고 왕건에 의해 고려라는 새로운 나라가 세워졌지만, 당시 상황은 아주 혼란스러웠어요. 신라 말기의 혼란스런 제도나 풍습이 여전히 이어지고 있었고, 지방 호족 세력의 힘이 강해지면서 왕권이 자리 잡지 못하고 있었거든요.

그러자 제4대 왕인 광종은 새로운 제도들을 통해 변화를 꾀하려고 했어요. 이에 억울하게 노비가 된 사람들은 풀어 주는 노비안검법과 똑똑한 인재를 관리로 뽑는 과거 제도를 시행했는데, 이런 제도들은 왕권을 강화해 주는 역할을 했지요.

게다가 좋은 정치를 펼친 제6대 성종 시대로 이어지면서 고려는 안

정을 찾게 되었고, 그 과정에서 고려의 법인 '고려율'이 탄생하게 되었어요.

인권을 생각한 고려의 재판 제도

고려율은 중국 당나라의 형법을 참조하고, 오랜 기간 전해져 온 관습법을 포함해서 71개의 조항으로 만들어졌어요.

고려율에선 특히 불효와 살인, 반역 등의 죄를 무겁게 처벌했는데, 형벌에는 5가지 종류가 있었

어요. 태형, 장형, 도형, 유형, 사형이 바로 그것이에요.

제일 가벼운 벌인 태형(笞刑)은 작은 매로 때리는 형벌이에요. 그다음이 장형(杖刑)으로, 큰 몽둥이로 때리는 것이었어요. 도형(徒刑)은 염전이나 봉수대 등에서 힘든 일을 하거나 군대에서 일로 벌을 받는 형벌이에요. 보다 무거운 벌로는 귀양을 보내는 유형(流刑), 그리고 가장 무서운 벌로 사형(死刑)이 내려졌지요.

사형을 선고하는 범죄에서는 삼심제가 적용되었는데, 지방 수령에 의한 1심, 그보다 높은 기관에서의 2심, 그리고 왕에 의한 3심이 이뤄졌다고 해요. 그만큼 재판에 신중을 기했던 거지요. 이런 제도는 고려를 이어 조선에까지 이어지게 되었어요.

고려에선 재판 과정도 신중했는데, 한 사람이 죄를 판단하기보다는

여러 대신이 회의를 통해 결정하도록 했어요. 그리고 재판을 통해 죄인으로 확정되기 전에는 함부로 죄인 취급을 하지 않았다고 해요. 게다가 죄인이라 하더라도 부모가 돌아가실 경우에는 부모의 장례식을 치른 후 벌을 집행하게 했다니, 고대 삼국 시대보다는 훨씬 인권을 생각하는 발달한 재판 제도였던 거예요.

땅에 떨어진 법과 고려의 멸망

하지만 이렇게 발달한 고려의 제도도 말기에 접어들어 혼란스러워져요. 외세의 침략이 잦아지면서 나라가 흔들리고, 권문세족들의 부정부패가 심해지면서 법이나 제도는 있으나마나한 것이 돼 버렸거든요. 상황에 따라 왕은 법을 마음대로 바꿔 버렸고, 힘을 가진 관리나 귀족들은 법을 나쁘게 이용해서 부정한 일을 저질러 댔어요. 그 때문에 나라 안은 한탄 소리만 커졌지요.

"법이 땅에 떨어졌구나! 법이 없으니 백성도 없고 나라도 없도다!"

나라가 이 지경이니 새로운 법과 새로운 나라를 원하는 사람들이 늘어날 수밖에요.

결국 오래지 않아 고려는 패망의 길로 접어들게 되었어요. 고려의 장군이던 이성계가 고려 왕실을 무너뜨리고 새로운 나라 '조선'을 세우거든요.

고조선에서 삼국 시대, 고려와 조선으로 이어지는 한반도의 역사! 그 과정을 통해 법은 계속 변화해 왔어요.

고대 고조선의 법이 관습에 의해 바로 집행되는 형태였다면, 삼국 시대가 되면서 국법이 생기며 재판 제도가 생겨났지요. 고려 시대에는 재판의 방법과 과정이 보다 정교하고 세밀하게 만들어졌어요.

그럼 조선의 법은 어떤 모습으로 변화하게 될까요?

복수를 허락하는 법이라고?

고려 제5대 왕인 경종은 이상한 법을 발표했어요.

"내 아버님이신 광종 때 누명을 쓴 이들의 자손이 복수하는 것을 허락하노라!"

복수를 허락하는 법이라니! 이게 대체 무슨 소릴까요?

정당한 재판에 의하지 않고서도 제 손으로 복수를 해도 된다는 거잖아요.

법에 의해 다스려지는 법치주의를 어지럽히는 법이 아닐 수 없어요.

경종이 이런 법을 발표한 데에는 그만한 이유가 있었어요.

경종의 아버지였던 광종은 왕권을 강화하기 위해 노비안검법과 과거 제도를 실시했어요. 그런데 억울한 노비를 없애려고 실시한 노비안검법은 부작용도 만만치 않았어요. 죄를 지어 노비가 된 자들이 거짓으로 죄를 꾸며 일러바치는 일이 종종 생겼어요. 광종은 그런 거짓말을 이용해서 왕권을 위협하는 자들을 숙청해 버리곤 했거든요.

그러다 보니 오히려 억울한 이들이 생겨났어요.

경종은 이런 사람들을 자신의 세력으로 끌어들이기 위해 '복수법'이란 걸 만들어 그들의 환심을 사려 했던 거예요.

하지만 개개인의 복수가 이어지며 사회가 혼란스러워졌고, 왕실 안에서까지 복수로 목숨을 잃는 일이 벌어지자, 경종은 결국 1년 만에 이 법을 없앴답니다.

조선의 《경국대전》

조선 시대에 이르면 우리나라의 법은
다른 어느 나라와 비교해도 뒤지지 않을 법률 체계를 갖추게 돼요.
조선 최고의 법전으로 불리는 《경국대전》이 탄생하거든요.
조선 500년의 역사에서 가장 위대한 성과 중
하나로 불리는 《경국대전》! 과연 《경국대전》으로
일컬어지는 조선의 법은 어떤 모습일까요?
《경국대전》은 어떻게 만들어진 걸까요?

코끼리도 재판을 받아야 하느니라!

어느 화창한 날, 나랏일을 마친 임금님이 대신에게 말했어요.

"코끼리는 잘 있느냐? 병은 안 났고?"

"예, 그런 줄로 아옵니다."

"그럼 오늘은 녀석을 보러 가자꾸나. 덩치가 그리 큰 것도 놀라운데, 긴 코로 풀을 집어 드는 모습이라니……. 허허허! 참 별나고 신기한 놈이 아니냐."

호탕하게 웃던 왕은 대신에게 명령했지요.

"먼저 가서, 짐이 조금 있다가 코끼리를 보러 갈 테니 채비를 해 두라고 이르거라."

"예, 분부대로 하겠나이다."

대신은 궁 안을 나와서 마구간으로 향했어요.

그런데 어찌 된 영문인지 걸어가는 대신의 표정이 영 어둡고 무겁지 뭐예요.

'에구, 코끼리 때문에 곡식 창고가 거덜이 날 지경이라는데……. 임금님이 저리 아끼시니 어찌할 수도 없고……, 이를 어쩐담?'

사실 조선에는 코끼리라는 동물이 없었어요. 그런데 일본에서 조선 임금님에게 선물하면서 궁 안에 처음으로 코끼리가 등장한 거예요. 인도네시아에서 일본에 선물한 코끼리를 말이에요.

"고놈 참, 멋지게 생겼구나."

난생처음 코끼리를 본 임금님은 그 모습을 무척 마음에 들어 했어요. 물론 궁궐 안 다른 사람들도 호기심을 보였지요. 코끼리의 먹성을 알기 전까진 말이에요.

"이키! 대체 얼마를 먹어 버린 거야?"

"아무리 먹여도 만족할 줄을 모르네."

커다란 덩치만큼 코끼리가 먹어 치우는 곡식의 양이 어마어마했던 거예요.

"아이쿠! 코끼리가 하루에 콩을 네다섯 말*씩 먹어 치웁니다. 이를 어쩝니까? 이러다간 왕궁 창고가 금세 바닥나고 말겠어요."

왕궁의 말과 마구를 관리하는 사복시의 관리들은 걱정이 이만저만이 아니었어요. 대신들의 한숨도 늘어만 갔지요. 백성들 먹을 식량도 부족한 판에 코끼리 식량 걱정을 해야 할 판이니까요.

"다른 나라 왕의 선물이니 저놈을 굶길 수도 없고, 그렇다고 계속 저렇게 먹일 수도 없으니, 이를 어쩌누?"

그러다 보니 대신의 발걸음은 무거울 수밖에 없었지요.

그런데 마구간에 도착도 하기 전에 요란한 비명 소리가 들려왔어요.

* 한 말은 약 70~90리터예요.
** 건축, 산림을 돌보는 벼슬아치.

"으아악! 코끼리가 사람을 죽였다!"

"뭐? 사람을 죽였다고?"

놀라서 달려간 대신의 눈앞에는 끔찍한 광경이 벌어져 있었어요. 코끼리 옆으로 내동댕이쳐진 채 죽은 사람이 보였거든요. 그는 공조전서**라는 직위에 있던 이우라는 사람이었어요.

"전 공조전서께서 코끼리 구경을 오셨는데, 보자마자 낄낄 웃으시며 '참 못생겼구나. 어찌 저리 이상하게 생겼을꼬?' 하시면서 비웃지 뭡니까. 게다가 침까지 캑캑 뱉으며 코끼리를 무시했어요. 그러자 이놈의 코끼리가 성질을 내면서 전 공조전서를 코로 둘둘 말더니 저렇게 바닥에 집어 던져 버렸지 뭡니까. 이를 어쩝니까?"

관리의 말에 대신은 눈앞이 하얘졌지요.

"세상에나! 사람을 죽인 코끼리라니! 사람을 죽인 자는 사형에 처하는 법인데, 저것은 동물이 아닌가?"

소문은 바로 궁궐 안으로 퍼져 나갔어요.

"코끼리가 사람을 죽였대. 그럼 코끼리도 재판을 받아야 하나?"

"당연하지. 동물이라도 죄를 지었으니 재판을 받아야 하는 거 아냐?"

결국 얼마 뒤 궁궐에서는 코끼리 재판이 벌어졌어요. 이름하여 '코끼리 살인 사건 재판'이었지요.

대신들의 의견은 각각이었어요.

"사람을 죽였으니 당연히 사형에 처해야 합니다!"

"무고한 사람을 죽였으니 벌을 받아 마땅하지만 아무것도 모르는 동물이 아니오. 사형까지는 너무 가혹하지 않소?"

"코끼리가 먹어 치우는 곡식도 많아서 고민이었소이다. 그러니 이번 참에 처리를 하는 게 좋을 것이오."

"하지만 일본에서 온 선물이 아니오. 외교 관계상 그런 귀한 동물을 죽일 수는 없소이다."

그러자 이야기를 듣고 있던 정승이 진지하게 말했어요.

"외교상의 문제도 있고, 임금님께서도 아끼시는 동물이니 사형에 처할 순 없을 것 같습니다. 그렇다고 죄를 지은 동물을 그냥 둘 수는 없으니 유배를 보내는 게 어떻습니까?"

그제야 대신들은 고개를 끄덕였어요.

"그거 좋은 생각이오!"

임금님도 고개를 끄덕이며 명령했어요.

"사람을 죽인 것은 비록 동물이라도 큰 죄를 지은 것이니라. 그러니 코끼리를 노루섬(지금의 소록도)으로 유배를 보내도록 하여라!"

왕의 명령이 아닌, 법으로!

이 사건은 조선의 제3대 왕인 태종 시대에 벌어진 일이에요. 일명 '코끼리 재판'으로 불리는 사건이지요.

코끼리를 두고서 재판을 벌이다니! 어찌 보면 웃음이 날 정도로 신기한 일이에요.

그런데 조금만 깊이 생각해 보면, 이 사건은 많은 사실을 전해 주고 있어요. 만약 이런 사건이 삼국 시대나 고려에서 벌어졌다면 어떻게 되었을까요? 아마도 그 자리에서 바로 코끼리를 죽였을지도 몰라요. 반면, 임금님이 아끼는 동물이란 이유만으로 벌을 내리지 않았을 수도 있지요.

하지만 조선 왕궁에서는 사건을 그렇게 단순하게 처리하지 않았어요. 정당하게 재판을 벌여 법에 의한 기준으로 판단하려 했던 거예요.

이것은 무엇을 의미하는 걸까요? 그건 조선은 이미 초기부터 엄격한 법을 갖춘 나라였단 걸 알려 주지요.

고조선이나 삼국 시대, 그리고 고려 시대에도 물론 법은 있었어요. 그런데 당시는 지배자인 왕의 권력이 막강해서 '왕이 곧 법'인 시대였어요. 비록 법이 있다 해도 그보다 왕의 명령이 중요했던 거지요. 그래서 왕의 생각에 따라 법이 마음대로 바뀌곤 했어요.

하지만 조선에 이르러 법이 보다 체계적으로 갖춰지면서 큰 힘을

가지게 돼요. 그 결과, 조선 최고의 법전으로 불리는 《경국대전》이 탄생하게 되지요.

나라를 다스리는 법, 경국대전

조선을 세운 태조 임금은 법의 문란이 고려가 망하는 데 큰 원인이었단 걸 잘 알고 있었어요. 그래서 나라를 다스릴 바른 법을 만드는 일을 중요하게 생각했지요.

"오래도록 변하지 않을 체계화된 법을 만들어 법전으로 편찬할 수 없을까?"

사실 고려가 멸망하기 전에도 이미 같은 생각을 한 사람이 있었어요. 학자이던 정몽주는 나라를 바로 세울 수 있는 법률책을 만들고자 했거든요. 하지만 정몽주가 그 뜻을 이루지 못한 채 죽자, 친구였던 정도전이 그 뜻을 이어 가게 돼요.

그래서 태조 때에 《조선경국전》이라는 법전을 편찬하지요. 조선에는 이미 고려 때의 법령과 판례법, 관습법을 모아 만든 《경제육전》이 있었어요. 판례법이란 사건에 대해 법을 해석하고 적용해서 내린 판단이나 판결의 예시를 말해요. 《조선경국전》은 그것을 더 보완해서 만든 법전이었어요.

그 후로도 조선 왕들은 보완 작업을 계속하며 《경제육전》, 《경제속

육전》 등을 계속 편찬했지요.

제대로 된 더 좋은 법전을 만들기 위한 조선 왕들의 노력은 계속되었어요.

"《경제육전》 이후 편찬된 법전을 모두 집대성한 통일된 법전을 만들어야 하오. 그래서 이 나라의 기반을 튼튼히 해야 하오."

그 결과, 조선이 생겨난 지 100여 년 만인 1485년, 성종 시대에 이르러 드디어 조선 최고의 통치 규범인 《경국대전》이 편찬되었지요.

'경국대전'은 '나라를 다스리는 큰 법전'이란 뜻이에요. 하지만 단순히 법 조항만을 담은 게 아니었어요.

《경국대전》은 조선의 통치 이념이던 유교를 바탕으로 관료 제도, 재정, 토지, 조세 제도, 과거 제도, 군사 제도, 교육 제도, 재판 제도, 도로나 도량형 등 나라를 다스리는 데 필요한 대부분의 내용을 모두 담고 있어요.

예를 들어 행정 조직을 보면, 관료의 우두머리는 영의정, 우의정, 좌의정의 3정승으로 하고, 의정부에서 행정을 총괄하도록 했어요. 3정승 아래에는 6조*가 있고, 그에 맞춘 상세한 법 규정이 담겨 있지요. 이처럼 그 내용이 아주 체계적이고 논리적이었어요.

《경국대전》이 편찬되고 나서는 후대 왕들이 이를 기본법으로 삼아

* 이조, 호조, 예조, 병조, 형조, 공조.

정치를 펼쳤어요. 법전은 그 후에도 또 편찬되었지만, 그 기본은 《경국대전》으로 삼았지요.

이것은 우리 법 역사에서 아주 의미 있는 변화라고 할 수 있어요. 지금까지의 정치가 법보다는 왕과 귀족에 의해 다스려지는 형태였다면, 《경국대전》의 등장은 법에 의한 정치, 즉 '법치'로 나아가는 기반을 닦은 획기적인 사건이니까요.

홍범 14조

그런데 이처럼 체계적인 법을 갖춘 조선도 말기에 들어서자 혼란에 빠졌어요. 아무리 좋은 법이 있어도 그 법을 집행하는 관리들이 올바르지 못하면 효력을 잃는 법이지요. 조선의 관리들이 부패하면서 법이 제대로 집행되지 못한 거예요. 당연히 사회는 혼란해졌고, 법은 있으나마나한 것이 되어 갔지요. 게다가 조선을 노리는 외세들로 인해 나라는 점점 기울었어요.

이에 고종 임금은 '홍범 14조'라는 새로운 법을 발표했어요. '홍범'이란 '나라를 다스리는 큰 규범'이란 뜻이에요. 변화하는 시대에 맞춘 새 법으로 기울어 가는 나라를 개혁하고자 한 거예요.

더불어 새로운 재판소 구성법도 제정해서 오늘날과 같은 재판소와 근대 재판법도 갖추었어요.

홍범 14조

1. 청나라에 의존하는 생각을 끊어 버리고 자주독립의 기초를 확실히 세운다.

2. 왕실 규범을 제정하여 왕위 계승과 종친, 외척의 구별을 분명히 한다.

3. 정무(정치, 국가 행정 사무)는 임금이 대신들과 직접 논의하여 결정하고, 왕비, 후궁, 종친, 외척의 간여를 응납하지 않는다.

4. 왕실 사무와 국정의 사무를 구분하여 서로 혼합하지 않는다.

5. 의정부와 각 아문(관아)의 직무 권한을 명확히 제정한다.

6. 백성들의 세금은 모두 법령으로 정해 함부로 명목을 만들어 더 거두어 들이지 않는다.

7. 조세 징수와 경비의 지출은 모두 탁지아문*에서 관할한다.

8. 왕실의 비용은 솔선하여 절약해 각 아문과 지방관의 모범이 되게 한다.

9. 왕실과 각 관부의 비용은 1년 예산을 세워 재정의 기초를 확립한다.

10. 지방 관제를 개정하여 지방 관리의 직권을 제한한다.

11. 나라의 총명한 젊은이들을 외국에 파견하여 학술과 기예를 익히게 한다.

12. 장관을 교육하고, 징병제를 실시하여 군사 제도의 기초를 확정한다.

13. 민법, 형법을 엄하고 명확히 제정하여 함부로 징벌하지 못하게 해 백성의 생명과 재산을 보호한다.

14. 인재를 등용할 때는 문벌을 가리지 않고 널리 등용한다.

* 조선 말 재정을 맡아보던 중앙 관아.

하지만 이미 혼란에 빠진 정치와 무섭게 몰아쳐 오는 외세의 침략을 막아 낼 순 없었어요. 그 결과, 조선은 '일제 강점기'라는 암울한 시대를 맞이하게 되고 말지요.

일본의 식민지가 되어 버린 한반도!

이 땅엔 우리 역사상 가장 무섭고 처참한 법들이 등장하게 돼요.

과연 그 시대의 법은 어떤 것이었을까요?

조선 시대의 감옥은 어땠을까?

조선 시대 감옥의 모습은 사극을 보면 잘 알 수 있어요. 짚만 깔린 작은 감옥에 불편한 형틀을 끼고 있는 죄수! 그게 일반적인 감옥 안 모습이었어요.

조선의 학자였던 정약용이 쓴 《목민심서》를 보면 당시 감옥 안 죄수들의 생활을 짐작할 수 있는데, 정약용은 죄수들의 다섯 가지 고통에 대해 적고 있어요.

형틀의 고통, 토색질*당하는 고통, 질병의 고통, 춥고 배고픈 고통, 오래

갇히는 고통이 바로 그것이에요.

그만큼 고통스럽고 힘든 것이 당시 감옥 생활이었다는 거지요.

그러다 보니 감옥 환경을 개선해야 한다는 주장도 나왔는데, 세종은 실제로 '감옥 위생 관리법'을 제정했어요.

그 내용에는 이런 것들이 들어 있어요.

여름에 냉수를 감옥에 넣어 주기, 열흘에 한 번 목욕을 할 수 있게 하기, 매월 한 번 머리를 감을 수 있게 하기, 가을과 겨울에는 볏짚을 두껍게 깔아 주기.

죄수들의 고통을 이야기하고, 감옥 환경을 개선하기 위한 법이 만들어졌단 건 무얼 의미할까요?

철저한 신분제 사회라서 일반 백성이나 천민이 천한 취급을 받던 당시 사회! 그래도 누구나 인간답게 살 권리, 즉 인권이 있었단 의미지요.

• 감옥의 관리가 죄수를 괴롭혀서 돈을 뜯어내는 행위.

조선을 뒤덮은 이상하고 나쁜 법!

일제 강점기의 악법

이 건물은 우리 민족의 아픈 역사를 보여 주는 대표적인 건물이에요. 일제 강점기 시절, 우리 민족을 짓밟는 악행과 악법들이 만들어진 곳이거든요. 그래서 이 건물은 조선 수탈의 상징으로 여겨졌어요. 조선 총독부는 어떤 악행을 저질렀을까요? 어떤 악법으로 우리 민족을 괴롭혔을까요?

조선 총독부 청사

내 땅이오! 내 땅!

오늘도 다복이네 아버지는 새벽부터 일어났어요.
"어서 밭에 나가 봐야지."
아버지의 인기척에 다복이도 졸린 눈을 비비며 일어났지요.
"이렇게 일찍요? 곡식이 잘 익었다면서요. 이제 거두기만 하면 되니까 새벽부터 나갈 필요는 없잖아요."
하지만 아버지는 고개를 절레절레 저었어요.
"철없는 소리 말아라. 농부는 한순간도 밭에서 눈을 떼면 안 돼. 그 순간 큰일이 벌어지거든. 지난해처럼 벌레라도 생기면 어쩌누?"
아버지는 해충 때문에 다 지은 곡식을 몽땅 잃어야 했던 작년 농사를 생각하며 진저리를 쳤지요.
그제야 다복이도 자리를 차고 벌떡 일어났어요.
"그럼 저도 갈게요!"

다복이네 밭은 제법 높은 산 중턱에 있어요. 아버지가 돌산을 개간해서 만든 밭이거든요. 비록 적은 땅이지만 제 땅을 갖고 싶단 의지로 아버지는 있는 돈을 모두 모아 겨우 돌산을 샀어요. 그러고는 수년 동

안 밤낮으로 가꾸어서 지금의 옥토로 만들었지요.

"히야! 감자랑 옥수수랑 다 잘 자랐네. 올해는 배불리 먹을 수 있겠어요."

다복이는 신이 나서 환호성을 질렀지요.

아버지도 뿌듯한 듯 미소를 지었어요.

"그래도 이 밭을 보니 보람이 있구나. 내 고생이 헛되지 않은 거 같아서 말이야. 올해 먹을 것 걱정은 덜었어. 허허허!"

하지만 이내 아버지의 표정이 어두워졌지요.

"나라 걱정만 없으면 참 좋으련만……, 쯧쯧! 일본 놈들이 이 나라를 강제로 차지해 버렸으니 이를 어쩌누? 그놈들이 무슨 짓을 저지를까 걱정이구나."

아버지는 산 아래 보이는 마을을 바라보면서 한숨을 깊이 내쉬었지요.

순간 다복이도 표정이 굳었어요. 다복이도 나라에서 무슨 일이 벌어지고 있는지 잘 알고 있거든요. 일본이 을사늑약*이니 한일 신협약**이니 하며 나라를 빼앗았단 걸 말이에요.

다복이는 아버지의 어두운 얼굴을 보며 물었어요.

"아버지, 그럼 이제 우리나라는 일본의 식민지가 된 거예요?"

* 1905년, 일본이 우리나라의 외교권을 박탈하기 위해 강제로 체결한 조약.
** 1907년, 일제가 우리나라의 주권을 빼앗기 위해 강요한 조약으로, '정미년에 맺은 7개 항목으로 구성된 조약'이라는 뜻에서 '정미 7조약'이라고도 함.

괴팍한 고함 소리가 들려온 건 그때였어요.

"넌 누구냐? 누군데 내 땅에 들어온 게냐?"

다복이와 아버지는 소리 나는 쪽을 쳐다봤지요. 저만치서 일본 옷을 입은 사내와 험악한 모습의 일본 군인이 걸어오고 있었어요.

"무슨 소리요? 여긴 우리 땅이라오. 내 땅에 내가 있는데 무슨 상관이오?"

아버지의 말에 사내는 콧방귀를 팽팽 뀌었어요.

"무식한 조선 놈 같으니라고! 이 문서를 보거라. 이 땅은 내가 동양 척식 주식회사로부터 산 땅이야. 그 증거가 바로 이 문서다. 여기 내 이름이 있질 않느냐."

아버지는 어리둥절한 눈으로 문서를 보았어요. 거기에는 일본 글자들이 적혀 있었지요.

"난 이런 거 모르오. 그리고 동양 척식 주식회사라고? 그게 뭐요? 그게 뭔데 남의 땅을 막 판단 말이오? 이 땅은 분명 내가 박첨지한테 산 내 땅이오, 내 땅!"

아버지는 다복이 등을 밀며 말했어요.

"다복아, 집에 가서 이 땅문서 좀 가져오너라. 안방 서랍장에 있단다."

"예, 아버지!"

다복이는 냉큼 집으로 달려갔지요. 그리고 서랍장에서 문서를 꺼내

들고 다시 밭으로 달려왔어요.

"아버지, 여기 있어요. 여기!"

아버지는 받아 든 땅문서를 내보이며 당당히 소리쳤지요.

"여기 보시오. 김달수! 내 이름이 떡하니 적혀 있지 않소."

그런데 일본인 사내와 일본 군인은 막무가내였어요. 일본 군인은 아버지가 내민 문서를 빼앗아 들더니 쭉 찢어 버리기까지 했지요.

"이게 무슨 짓이오?"

놀란 아버지를 밀어내며 일본 군인은 고함을 질렀어요.

"얼마 전에 우리 조선 총독부에서 토지 조사를 한 걸 몰랐느냐? 그때 땅을 가진 사람들은 신고를 하고 등기를 받으라고 했었다."

아버지는 어리둥절했지요.

"난 그런 거 모르오. 그런 소린 들은 적도 없소."

"소식을 못 들은 건 네 사정이다. 우린 그런 거 모른다. 하여튼 그때 등기를 하지 않은 땅은 무조건 조선 총독부의 것이다. 이런 낡은 문서 따윈 소용없다. 그러니 어서 여기서 나가거라."

일본 군인과 사내는 총으로 위협하며 다복이와 아버지를 밀어내 버렸어요. 일본 군인이 들이미는 총칼 앞에서 다복이와 아버지는 대항할 방법이 없었어요. 찢어진 땅문서를 들고 통곡하는 일밖에는.

"아이고! 이게 웬일이야. 나라를 잃은 것도 억울한데 내 땅까지 빼앗아 가는구나. 우린 이제 뭘 먹고사나. 엉엉!"

악법 중에 악법! 일제 시대의 법!

다복이네의 불행은 고통스런 삶의 시작에 불과했어요. 그 후로도 상상을 초월하는 일들이 이 땅에서 마구 벌어졌거든요.

조선 말기, 정치인들의 부패와 외세의 침략으로 나라는 혼란에 빠졌어요. 그 틈을 타 일본은 조선을 집어삼킬 야욕을 드러냈지요. 그 결과, 우리나라는 을사조약, 한일 신협약, 한일 병합 조약*을 거치면서 통치권을 일본에 잃고 말았어요. 35년에 걸친 식민지 시대가 시작된 거예요.

* 1910년 8월 29일, 대한 제국을 식민지로 만들기 위해 일본이 강제로 체결한 조약으로, 대한 제국의 통치권을 일본에 건네도록 규정한 조약.

남의 땅을 빼앗은 일본은 우리 땅에 새로운 법을 들여왔어요. 자신들의 입맛에 맞게 이 나라를 마구 주무를 법이 필요했던 거죠.

법이란 수천 년을 이어 오는 민족의 정신과 얼이기도 해요. 법에는 그 나라 민족의 오랜 문화와 정신이 담겨 있으니까요. 일본은 억지로 법을 바꿔 우리 민족의 얼과 정신도 없애려고 했던 거예요.

당시 법은 조선 백성들의 자유와 재산을 빼앗고 짓누르는 데 초점이 맞추어져 있었어요. 그 대표적인 것이 바로 조선 총독부에 의해 실시된 토지 조사 사업이었어요.

조선 땅에는 이미 땅의 주인을 알리는 땅문서가 있었어요. 하지만 그것을 무시한 채 조선 총독부는 새로운 문서를 만들었어요. 기일을 정해 놓고 그 안에 토지를

가진 사람들은 주소, 이름, 소유지의 명칭 등을 신고하라고 했지요. 그걸 바탕으로 토지를 측정해서 토지 대장을 만들고 땅의 권리를 주겠다는 거였어요.

하지만 그건 당시 조선 사람들에겐 너무 어려운 방법이었어요. 근대적인 등기 제도를 모르는 데다가 신고해야 할 날짜도 아주 짧았거든요. 소식이 전해지지 못한 곳도 많았고, 교통 문제로 신고하기 어려운 지역도 많았어요.

그런데도 조선 총독부는 날짜가 지나자 신고되지 않은 나머지 땅은 모두 자기네 소유로 해 버렸어요. 그러고는 그 땅을 동양 척식 주식회사라는 곳을 통해 일본인들에게 헐값으로 팔아 버렸지 뭐예요. 그렇게 빼앗아 간 땅이 한반도 면적의 40퍼센트나 되었으니, 억울하게 땅을 빼앗긴 백성들이 얼마나 많았을지 짐작이 되고도 남지요.

억울한 법은 이뿐만이 아니었어요. 조선 총독부는 조선인을 차별하고 억압하는 제도와 법을 수없이 만들어 냈어요. 조선인에게는 일본인에 순응하는 교육을 받도록 하고, 능력이 뛰어나도 관리가 될 수 없게 했어요. 조선인은 의회를 구성하지 못하도록 해 정치 참여를 막았고, 자신들의 전쟁에 강제로 끌고 가서 군대나 공장에서 일하도록 만들었지요.

그렇지만 우리 백성들은 그대로 당하고만 있지는 않았어요.

"주권을 되찾읍시다! 빼앗긴 나라를 찾읍시다!"

1919년, 온 백성이 힘을 모아 방방곡곡에서 "대한 독립 만세!"를 외쳤어요. 3.1 운동이 벌어진 거예요.

이에 맞춰 중국에서는 의미 있는 모임도 이루어졌어요. 독립운동가 29명이 1919년 4월에 상하이에 모여 대한민국 임시 정부를 수립한 거예요. 이 모임은 이미 1918년부터 시작되었는데, 임시 정부를 세워 독립운동을 조직하고 지원하며 나라를 되찾기 위한 것이었어요.

최초의 민주적 헌법, 대한민국 임시 헌장

대한민국 임시 정부는 국호를 '대한민국'으로 정하고 민주 공화제를 뼈대로 한 '대한민국 임시 헌장'을 제정했어요.

'대한민국 임시 헌장'은 10개 조항으로 이루어진 법으로, 제1조항의 내용은 이랬어요.

1. 대한민국은 민주 공화제로 한다.

'민주'는 국민이 나라의 주인이란 뜻이에요. '공화제'란 권리가 다수의 국민에게 있는 제도라는 의미지요. '대한민국 임시 헌장'은 국민 주권에 뼈대를 둔 우리나라 최초의 민주적 헌법이었던 거예요.

독립을 향한 백성들의 바람과 열망은 이후에도 계속되어 나갔지요.

대한민국 임시 헌장

1. 대한민국은 민주 공화제로 한다.
2. 대한민국은 임시 정부가 임시 의정원의 결의에 의하여 이를 통치한다.
3. 대한민국의 인민은 남녀 귀천 및 빈부의 계급이 없고 일체 평등하다.
4. 대한민국의 인민은 신교, 언론, 저작, 출판, 결사, 집회, 신서, 주소 이전, 신체 및 소유의 자유를 가진다.
5. 대한민국의 인민으로 공민 자격이 있는 자는 선거권 및 피선거권이 있다.
6. 대한민국의 인민은 교육, 납세 및 병역의 의무가 있다.
7. 대한민국은 신의 의사에 의하여 건국한 정신을 세계에 발휘하며, 나아가 인류의 문화 및 평화에 공헌하기 위해 국제 연맹에 가입한다.
8. 대한민국은 구 황실을 우대한다.
9. 사형과 신체형* 및 공창제** 를 전폐한다.
10. 임시 정부는 국토를 회복한 후 만 1년 안으로 국회를 소집한다.

* 몸에 육체적 고통을 주는 형벌.
** 관의 허가 아래 돈을 받고 몸을 파는 공창을 인정하는 제도.

대한민국 임시 정부 첫 청사

대한민국 임시 헌장

이 같은 열망과 노력 덕분일까요? 1945년 8월 15일, 드디어 백성들은 그토록 바라던 광복을 맞이하게 되었어요.

35년 만에 일제로부터 독립을 이룬 한반도!

잃었던 주권을 다시 찾은 국민들의 마음속엔 '국민이 나라의 주인'이라는 민주 의식이 힘차게 솟구치고 있었어요.

민주 의식이 뿌리내리기 시작한 이 땅에는 또 어떤 법이 등장하게 될까요?

우리나라 최초의 검사, 이준 열사

법조인이라고 하면 사람들은 보통 검사와 변호사를 떠올려요. 검사는 범죄 사건을 수사하고, 범죄 여부를 판단하기 위해 범죄 혐의가 있는 피의자를 법원에 기소하는 일을 하지요.

그럼 우리나라 최초의 검사는 누구일까요?

이준이 바로 그 주인공이에요. 1859년에 함경남도에서 태어난 이준은 26세에 함경도 과거 시험에 장원급제하며 관리가 되었어요.

한양에 법관 양성소가 생겼다는 소식을 듣고 그곳에 입학해 1기생으로 졸업하며 우리나라 1호 검사가 되었지요.

검사 시절, 그는 강직한 성품으로 관료들의 부정부패를 없애는 데 앞장섰어요. 그리고 일본의 횡포로부터 백성들의 권리를 지키는 일에도 온 힘을 기울였지요.

1907년에는 이준이 고종 황제의 밀사가 되어 헤이그 세계 만국 평화회에 참석하게 돼요. 조선의 독립을 주장하며 유럽 열강들에게 도움을 요청하기 위해서였어요.

하지만 목숨을 건 노력에도 뜻을 이루지 못한 이준은 울분을 참지 못한 채 먼 타국 땅에서 죽음을 맞고 말았답니다.

민주주의 이념을 담아라!

대한민국 헌법 제정

이건 무슨 사진일까요?

뭔가 아주 중요한 일이 벌어지고 있는 것 같지요?

이 사진은 헌법을 만들기 위해 만들어진 제헌 국회가

1948년 5월 31일에 처음 개원식을 갖는 모습이에요.

제헌 국회가 뭐냐고요? 제헌이란 '헌법을 만들어 정한다'는 의미예요.

그럼 지금부터 제헌 국회에 의한 우리나라 헌법 탄생의

이야기를 들어 보세요.

헌법을 만듭시다!

"지금부터 제헌 국회 개원식을 시작하겠습니다."

국회 안으로 이승만 박사의 목소리가 울려 퍼졌어요.

오늘은 나라의 헌법을 만들기 위해 국회 의원들이 회의를 시작하는 '제헌 국회 개원식' 날이에요.

"좋아! 우리가 힘을 모아 훌륭한 헌법을 만들어 보자구!"

국회 의원들은 각오를 다지며 우레와 같은 박수를 쳤어요.

35년간의 식민지 시대를 끝내고 광복한 뒤, 한반도는 남한과 북한으로 갈라지고 말았어요. 북한에는 '조선 민주주의 인민 공화국'이 들어서고, 남한은 '대한민국' 정부가 수립된 거예요. 나라가 반쪽으로 갈라져 버린 거지요.

그런 상황에서도 국민들은 희망을 잃지 않았어요.

"비록 나라가 남북으로 갈라진 건 아쉽지만 너무 슬퍼할 필요는 없어. 곧 통일을 이루게 될 테니까 말이야. 우리가 할 일은 일제의 폭력으로 망가진 이 나라를 빨리 바로잡는 일이잖아. 다시 힘을 내야 해!"

국민들은 새 나라를 위해 힘을 모았고, 총선거를 통해 처음으로 국회 의원도 뽑았어요. 대한민국 정부의 초대 국회 의원들이 탄생한 거예요.

초대 국회 의원들을 바라보는 국민들의 눈은 기대와 희망으로 반짝였어요.

"국회 의원들이 제발 이 나라를 위해 많은 일을 해 줬으면 좋겠군."

"그래. 이젠 지난 역사와 같은 고난은 겪지 않도록 나라를 잘 보살펴 줬으면 좋겠어."

국회 의원들에게는 새 나라를 위한 중대한 일이 맡겨졌지요.

"어서 헌법을 만듭시다!"

나라의 틀인 헌법을 만들기 위한 제헌 국회 회의가 열린 거예요.

사실 헌법을 만든다는 소식에 어리둥절해하는 사람들도 있었어요.

"새 법을 만든다고? 예전부터 내려오는 《경국대전》도 있고 이런저런 법도 많잖아. 그런데 왜 또 법을 만드는 거지?"

"이 사람 답답하구만. 그런 법은 옛날 법이잖아. 지금 시대에는 안 맞지. 새로운 시대가 왔으니 그에 맞는 새 법을 만들어 내야 할 거 아닌가."

"아하! 그러니까 새 시대에 맞는 새 법을 만든다는 거구만!"

그랬어요. 제헌 국회 개헌식은 새 시대가 시작되는 날이기도 했던 거지요.

개헌식의 사회는 초대 국회 의장으로 뽑힌 이승만 박사가 맡았어요. 무사히 개헌식을 마친 국회 의원들은 바로 회의에 들어갔지요.

"어서 헌법을 만들어서 혼란한 이 나라를 바로잡아야 합니다."

국회 의원들 앞에는 해방 직후부터 논의되던 10개의 헌법 초안이 놓였어요. 이를 바탕으로 국회 의원들은 회의와 토론을 이어 나갔지요.

"그건 균등하지 못한 법 같소."

"이 조항은 민주적이지가 않아요."

좋은 법을 만들고자 하는 국회 의원들의 열정으로 토의는 밤낮을 가리지 않았지요.

　그 결과, 한 달 정도 지난 어느 날, 드디어 반가운 소식이 전해졌어요.

"와! 드디어 나왔어요. 대한민국 헌법 초안이 나왔어요."

"자, 이젠 이 초안을 심의하도록 합시다."

심의까지 거친 헌법 초안은 7월 17일, 마침내 '대한민국 헌법'으로 공포되었지요.

　왕이나 귀족에 의해 만들어진 법이 아닌, 일제의 침략에 의한 억울한 법도 아닌, 우리나라의 국회 의원들에 의해 자주적으로 헌법이 만들어진 거예요.

　헌법 공포가 있던 날, 국민들은 환호했지요.

　"이젠 정말 새로운 시대가 시작되는 거겠지?"

　"그래! 새 시대가 열린 거라구. 이젠 이 법이 우리 백성과 나라를 지켜 줄 거야."

대한민국의 기둥! 대한민국 헌법

제헌 국회에서 공포한 법이 바로 현재 우리나라의 기반이 되고 있는 대한민국 헌법이에요.

헌법은 국가 운영에 관한 법으로 국가의 최고법이지요. 대한민국 국민이라면 누구나 지켜야 하는 법이란 의미예요.

각 나라의 헌법에는 세계의 모든 사람들이 보편적으로 바라는 것과 그 나라의 상황에 따라서 강조할 핵심 내용이 담겨 있어요.

그럼 우리나라 헌법의 핵심 내용은 뭘까요?

 첫째는 국민이 나라의 주인이라는 국민 주권주의예요. 국가의 중요한 문제를 결정하는 최종적인 권한은 국민에게 있다는 거지요.

 둘째는 개인의 자유를 존중하면서 민주주의를 실현하는 자유 민주주의예요.

 셋째는 복지 국가의 원리인데, 모든 국민이 인간다운 생활을 할 권리를 보장하고, 국가는 사회 보장과 사회 복지를 위하여 노력한다는 거지요.

 넷째는 국제 평화주의로, 세계 평화와 인류 공영에 노력하며 침략적 전쟁을 하지 않겠다는 약속이에요.

제헌 국회 개한식장을 가득 채운 국회 의원들

국회 의원의 **열정**

국민의 **염원**

법전

🔨 다섯째는 민족의 평화적 통일 지향으로, 남북한의 통일을 무력이 아닌 평화적인 방법으로 추진하겠다는 거예요.

🔨 여섯째는 문화 국가의 원리인데, 전통문화의 계승과 발전 및 민족 문화의 창달에 노력하겠다는 것이지요.

즉, 우리나라 헌법에는 국민의 행복과 국가 발전을 위한 핵심이 담긴 거예요.

이 헌법의 시작을 알리는 사건이 바로 제헌 국회 개헌식이었던 거지요.

남한에서만 만들어진 사연

그런데 대한민국 헌법은 왜 남한에서만 만들어지게 된 걸까요? 여기에는 우리 민족의 가슴 아픈 역사가 담겨 있답니다.

1945년 일제로부터 광복을 하게 된 한반도! 그런데 이 독립은 우리만의 힘으로 얻어 낸 결과가 아니었어요. 일본이 제2차 세계 대전에서 미국을 중심으로 한 연합국에 항복을 하면서 이뤄진 결과거든요.

그 때문에 한반도는 38선을 기준으로 남쪽은 미국이 맡고, 북쪽은 소련군이 점령하는 일이 벌어지고 말았어요. 그 결과 남한에서는 '대한민국 정부'가 들어서고, 북한에는 '조선 민주주의 인민 공화국'이 들어서며 한반도가 둘로 나뉘게 되었지요.

대한민국 정부는 바로 헌법 제정에 들어갔어요. 나라의 통치 이념과 국민의 기본권 보장, 그리고 나라의 질서를 세우려면 무엇보다 법의 제정이 시급했거든요.

그래서 제헌 국회가 1948년 5월 31일에 문을 연 지 한 달 남짓한 6

월 22일에 대한민국 헌법 초안이 작성되고, 심의를 거쳐 7월 17일에 대한민국 헌법이 공포되었어요. 이것을 기념하는 날이 '제헌절'이지요.

제헌 국회 헌법

이렇게 만들어진 제헌 국회 헌법에는 어떤 내용이 담겼을까요?

제헌 헌법의 제1장 1조는 "대한민국은 민주 공화국이다"예요. 앞서 만들어졌던 대한민국 임시 정부의 '대한민국 임시 헌장' 제1조인 "대한민국은 민주 공화제로 한다"와 내용이 비슷해요. 이를 통해 제헌 헌법은 대한민국 임시 헌장을 계승했단 걸 알 수 있지요.

제1공화국 헌법으로 불리는 제정 헌법은 국민의 기본권을 폭넓게 보장하려고 애를 썼어요. 그리고 입법과 사법, 행정을 분리하며 대통령제를 선택했지요. 지금까지 이 나라에서 생겨났던 어떤 법보다 진보적인 법이었던 거예요.

제헌 헌법의 내용을 보면 당시 헌법을 만든 국회 의원들이 새로운 나라를 설계하기 위해 얼마나 고민했는지를 잘 알 수 있다고 해요. 국호나 조항 하나하나를 만들기 위한 고민들이 곳곳에 숨어 있거든요. 나라는 둘로 나뉘고, 새 정부를 세워야 하는 혼란 속에서도 진보적인 헌법이 나올 수 있었던 건, 바로 이 제헌 의원들의 헌신적인 열정과 노력 덕분이었던 거지요.

이렇게 만들어진 헌법은 법전에 담겼어요. '법전'이란 '나라 전체를 통치할 수 있는 규범'이나 '그런 성문 법규들을 모아 편찬한 법령집'을 말하지요.

'법전'이란 말은 한 개인 출판사에서 처음 사용한 용어라고 해요. 이전까지는 '육법전서'라는 어려운 일본식 법률 용어를 써 왔어요. 그런데 1959년에 현암사에서 법령집이 출간되었는데, 그 책에는 '법전'이라는 제목이 쓰여 있었어요. '법전'은 당시 출판사의 사장이던 조상원 회장이 만들어 낸 용어였지요. 일본 색이 짙은 말을 그대로 쓰는 것은 우리 민족의 자존심을 해치는 일이라고 생각했기 때문이에요.

그 후 '법전'은 법령집을 일컫는 고유명사로 자리 잡게 되었어요.

대한민국 제헌 헌법은 이 땅에 등장했던 어떤 법보다 근대법인 법이었어요. 근대 헌법에서 가장 중요한 원리는 국민 주권인데, 국가 질서를 왕이 아닌, 주권자인 국민들이 스스로 결정했다는 의미에서 제헌 헌법은 그 의미가 아주 깊지요. 그래서 제헌엔 국가 조직 원리만이 아니라 국민들의 뜻이 왜곡되지 않고 보호되도록 하고, 국가 권력 남용을 방지하기 위한 여러 규정을 두루 담고 있었어요.

시민의 자유를 중시한 근대법

그렇다면 이 같은 근대법은 언제부터 시작된 걸까요?

그 시작은 영국의 대헌장 '마그나 카르타'에서 찾을 수 있어요. 마그나 카르타는 1215년, 귀족들의 요구에 의해 영국의 존 왕이 승인한 문서예요.

　당시 존 왕은 전쟁으로 많은 영토를 잃고 정치, 경제적으로도 흔들리는 무능한 왕이었어요. 그 때문에 나라가 혼란에 빠지자 귀족들이 왕을 비판하며 왕권을 줄이고 귀족들의 권리를 강화하는 내용을 담은 문서를 만들었는데, 그것이 바로 마그나 카르타예요.

마그나 카르타

시민의 자유를 중시했군요.

마그나 카르타를 보면 아무리 왕이래도 맘대로 사람을 잡아갈 수 없습니다.

이 문서엔 "왕이라도 마음대로 사람을 잡아가거나 귀족의 동의 없이 함부로 세금을 거두지 못한다", "자유인은 재판이나 국법에 의하지 않으면 체포하거나 감금할 수 없다" 등의 개인의 자유와 권리를 중시하는 내용들이 담겨 있지요.

시민의 자유를 옹호한 마그나 카르타는 그 후 근대 헌법의 토대가 되며, 영국은 물론 전 세계 민주 헌법을 발달시킨 원동력으로 인정받게 되었어요.

근대법의 역사는 이처럼 헌법을 만드는 권력이 왕이었던 사회에서 귀족 등 특권 계층을 거쳐 국민으로 바뀌는 과정이라고 볼 수 있어요. 제헌 헌법은 이런 근대법 역사를 통해 만들어진 우리나라 최초의 헌법이었던 거예요.

그 후 대한민국에서는 헌법에 기초한 선거가 치러졌고, 이승만이 제1대 대통령으로 뽑혔어요.

새 정부와 대통령의 등장으로 새로운 시대의 문을 연 대한민국!

헌법으로 틀을 갖춘 대한민국은 어떤 모습이었을까요?

정의의 여신상과 해치

 법은 누구에게나 평등하고 정의로워야 해요. 이런 법의 정의와 평등을 상징하는 것이 '정의의 여신상'이에요.

 정의의 여신상은 그리스 로마 신화에 나오는 '정의의 여신'을 본뜬 것으로, 한 손에는 칼과 법전을 들고, 다른 손에는 저울을 들고 있어요. 칼과 법전에는 '법을 엄격하게 집행하겠다'는 의미가 담겼고, 저울에는 '옳고 그름을 가르는 데 편견 없이 공평하게 하겠다'는 의미가 담겨 있지요.

때론 눈을 헝겊으로 가린 정의의 여신상도 있는데, 눈을 가린 건 '주관을 버리고 공정하게 심판하겠다'는 의미라고 해요.

그 때문에 전 세계 많은 나라들은 법원에 정의의 여신상을 세우곤 해요.

조선 시대에는 법관들이 해치(해태)관을 썼어요. 해치는 '해님이 파견한 벼슬아치'라는 뜻으로, 소와 비슷하게 생긴 상상 속 동물이지요. 해치는 성품이 정의롭고 충직해서 옳은 주장을 하는 사람과 그른 주장을 하는 사람이 있을 때, 그른 주장을 하는 사람을 뿔로 받아 시비를 밝혀 준대요.

이 같은 의미가 담긴 동물이다 보니 현재 우리나라 국회 의사당에도 해치 석상 한 쌍이 당당히 세워져 있어요.

'법'이란 글자는 한자인데, 본래는 '水(물 수)'와 '廌(해태 치)'와 '去(갈 거)' 자가 모인 글자였어요. 그것이 '水(물 수)'와 '去(갈 거)' 자만 남아 '法(법 법)' 자가 되면서, '물이 흐르듯 순리대로 잘 돌아가는 것'이란 의미를 담게 되었지요.

독재를 하기 위해 만든 법!

1972년 유신 헌법

여기 두 사람이 있어요.
이들에겐 공통점이 세 가지 있지요.

첫째! 우리나라 역대 대통령!
둘째! '독재 정치'와 관련된 대통령!
셋째! '독재 법'을 만든 대통령!

이들은 대한민국 헌법이 만들어진 뒤로
매우 불행한 법 역사를 남긴 대통령이에요.
'독재 법'이란 뭘까요?
두 사람은 어떤 법을 만들었을까요?

독재 법을 막아라!

"못살겠다! 못살아!"

나라 안으로 국민들의 한숨과 개탄의 소리가 넘쳐 났어요.

"이 나라가 왜 갈수록 이렇게 망가지는 걸까?"

"그러게 말이야. 전쟁도 힘들었는데 이젠 독재 시대까지 맞게 되다니! 못살겠네! 못살아!"

대한민국 정부 수립과 헌법 제정으로 새 시대가 시작되었다고 믿으며 희망에 부풀었던 국민들…….

그런데 얼마 뒤 6.25 전쟁으로 피눈물 나는 고통을 겪고 만 거예요. 그런 불행 속에서도 국민들은 희망을 놓지 않고 있었어요.

"전쟁으로 나라가 분단되고 국토가 피폐해졌지만 포기해선 안 돼. 다시 힘을 모아 일어서야지."

"암! 그렇고말고! 힘을 내야지!"

그런데 도저히 참을 수 없는 일이 벌어졌지 뭐예요. 이승만 대통령의 주도 하에 헌법을 고치는 개헌이 이뤄졌는데, 그 내용이 기가 막혔거든요.

"이번 개헌 내용이 뭔지 알아? 대통령을 두 번까지만 하도록 했던 헌법을 고쳐서 세 번이고 네 번이고 계속할 수 있게 하는 거래."

"뭐? 그럼 한 사람이 대통령을 계속할 수 있는 거잖아. 그건 독재

지. 독재! 이승만 대통령이 죽을 때까지 대통령 자리를 놓지 않겠다는 거잖아."

독재를 하기 위한 법이 이승만 대통령의 주도 하에 만들어지고 있었던 거예요. 그것도 부정한 방법으로 말이에요.

"안 돼! 이대로 있어선 안 돼! 독재를 막아야 해!"

국민들은 더 이상은 참을 수가 없었어요. 이승만의 결정이 독재로 가는 길이라고 생각한 국민들은 불같이 일어나 거리로 뛰쳐나왔지요.

"독재를 반대한다!"

"부정 선거 반대한다!"

"이승만은 물러나라!"

독재를 막으려는 함성 소리는 엄청났어요. 초등학생부터 노인까지 거리로 나와 독재는 안 된다고 소리쳤거든요.

그 결과, 이승만은 결국 대통령 자리에서 물러날 수밖에 없었지요.

힘을 모아 독재를 막아 낸 국민들은 환호성을 질렀어요.

"우리가 해냈다!"

"그래! 우리가 해냈어! 앞으로도 절대 독재자가 나랏일을 하게 해선 안 돼! 암! 안 되고말고!"

그런데 국민들의 이런 바람이 무참히 짓밟히는 사건이 다시 벌어지고 말았어요. 새로운 대통령을 뽑으려고 준비를 하는 사이, 생각지도 않은 사건이 벌어지고 말았거든요.

"세상에나! 박정희가 쿠데타를 일으켰대!"

육군 소장이던 박정희를 비롯한 군인들이 선거를 통해서가 아니라 군사력으로 정부를 뒤엎어 버린 거예요. 이런 행위를 쿠데타라고 하지요.

"이를 어째? 전쟁과 독재 정권도 모자라서 이젠 쿠데타까지 일어나다니!"

국민들은 절망에 빠질 수밖에 없었어요.

뒤이어 박정희가 대통령 자리에 앉게 되자 나라 안의 분위기는 뒤숭숭해졌지요. 군사력에 의해 다스려지는 나라에서는 기막힌 일이 아무렇지 않게 벌어지곤 했거든요.

"이게 무슨 일이람? 군인들이 힘으로 나라를 다스리려고 하네."

"질서를 바로잡겠다는 핑계로 군인들이 마구 사람을 잡아간다잖아. 박정희에게 반대하는 사람들은 쥐도 새도 모르게 사라진대. 아이고! 무서워라!"

국민들의 불안은 갈수록 커졌어요.

"저러다가 박정희 대통령도 독재를 하겠다고 나서는 거 아닐까?"

"그러게. 설마 이승만 때처럼 법을 고쳐서 독재 법을 만들려고 하진 않겠지?"

그런데 설마 하던 그 일이 벌어지고 말았어요.

"이 나라의 미래와 통일을 위해 유신 헌법을 발표한다!"

박정희 정부가 법을 고쳐 유신 헌법이란 걸 발표한 거예요.

"유신 헌법? 그건 또 뭐야?"

"뭐긴 뭐야. 독재를 위한 법이지. 그 내용 중 하나가 이런 거더라고. '대통령은 국회를 해산할 수 있으나, 국회는 대통령을 탄핵할 수 없다.' 이게 말이나 되는 법이냐고. 독재 법이야, 독재 법!"

또다시 나타난 독재자의 모습에 국민들의 한숨은 더욱 깊어만 갔지요.

"아이쿠! 또 독재자가 나타나 헌법을 마구 짓밟고 있어! 도대체 이 나라에선 언제쯤 독재자가 사라질까?"

독재를 꿈꾼 대통령들에 의해 만신창이가 된 헌법!

헌법의 내용을 삭제 또는 수정하거나 추가해서 그 내용을 변경하는 걸 '개헌'이라고 해요. 개헌은 법에 정해진 과정에 따라 신중하게 이루어지게 되지요.

그런데 이승만 대통령과 박정희 대통령은 이런 법적 과정을 따르지 않고 불법적으로 마구 개헌을 했어요. 영원히 권력을 잡기 위해서 말이에요.

이승만은 두 번이나 개헌을 했는데, 두 번째 개헌에서는 헌법 절차조차 무시했어요. 당시 이승만 정부가 주장한 개헌의 내용은 '두 번까지만 할 수 있도록 정해진 대통령의 임기를 몇 번이고 맡을 수 있도록 하는 것'이었어요.

이 개헌안이 통과되려면 국회 의원 재적 3분의 2의 동의를 얻어야 해요. 그런데 당시 재적 인원은 203명이었어요. 그중 3분의 2이니 135.333……명의 찬성이 필요했던 거예요.

　그런데 찬성표가 135명이 나오면서 '0.333……'의 표가 부족했어요. 결과는 당연히 개헌안 부결이었지요.

　그러자 이승만은 엉뚱한 주장을 펴기 시작했어요.

　"소수점 이하를 계산할 때는 수학에서 사사오입이 적용됩니다. 사사오입은 0.4 이하는 버리고, 0.5 이상은 반올림하는 규칙 아닙니까. 그러니 0.333은 버리면 됩니다. 135명이 찬성했으니 개헌안은 통과된 거죠."

　이승만과 그가 속한 자유당의 주장에 따라 부결되었던 개헌안이 통과되는 이상한 일이 벌어진 거예요.

　국민들은 탄식하고 말았지요.

　"못살겠다! 못살아! 이런 정권은 바꿔야 한다!"

　독재를 하려는 이승만의 야심도 기가 막힌데, 헌법을 마구 짓밟는 행위를 두고 볼 수 없었어요. 국민들 사이로 울분이 화산처럼 터져 나왔고, 나라 안은 분노한 국민들의 함성으로 넘치게 되었지요.

　"독재 정권은 물러가라! 국민 탄압을 중지하라!"

　"부정 선거는 무효다! 이승만은 물러가라!"

　국민들의 분노는 초등학생부터 노인까지 거리로 불러냈는데, 이 사건을 4.19 혁명이라고 해요. 4.19 혁명의 거센 물결 아래 결국 이승만은 대통령의 자리에서 물러나게 되었지요.

그런데 그 뒤 더 기막힌 일이 벌어지고 말았어요. 1961년, 나라 안이 어수선해진 틈을 타서 박정희라는 군인이 쿠데타를 일으키며 권력을 잡아 버린 거예요.

군부의 힘으로 권력을 쥔 박정희는 제5대 대통령으로 선출되기까지 했지요. 게다가 박정희는 영원히 대통령 자리에 머물고 싶어 했어요. 그래서 이승만처럼 또다시 개헌을 주장하며 유신 헌법이라는 걸 만들어 냈어요.

독재를 위한 발판, 유신 헌법

 유신 헌법의 주요 내용

- 대통령은 통일 주체 국민 회의에서 간접 선거를 통해 선출한다.
- 대통령의 임기는 6년으로 연장한다.
- 대통령은 국회를 해산할 수 있으나, 국회는 대통령을 탄핵할 수 없다.
- 대통령은 국가 안보, 공공 안녕을 유지하기 위해 긴급 조치를 할 수 있다.
- 통일 주체 국민 회의는 국회 의원 3분의 1을 선출하며, 이때 국회 의원 후보는 대통령이 일괄 추천하여 찬반 투표에 부친다.

대통령에게 강력한 권력을 모두 몰아 주는 이상한 법이었어요. 독재 정권을 위한 발판으로 법을 이용한 거예요.

그럼 박정희는 원하는 대로 영원한 권력을 누릴 수 있었을까요?

아니에요. 박정희의 독재 정치는 1979년에 일어난 10.26 사태로 끝나고 말아요. 이 사건은 당시 중앙정보부 부장이던 김재규가 대통령 박정희를 살해한 사건이랍니다.

그렇다면 이젠 헌법을 권력의 도구로 삼으며 마구 짓밟는 독재의 시대는 끝난 걸까요?

불행하게도 박정희 정부가 무너지자 또다시 군인 출신인 전두환이 12.12 군사 쿠데타를 일으키며 대통령 자리에 오르게 되었어요. 이 나라에 다시 군부 독재 정권이 들어선 거예요.

이승만에서 박정희, 그리고 전두환 대통령으로 이어지는 암울한 시대! 이 시기는 우리 역사에서 아주 불행한 시대라고 할 수 있어요. 민주주의를 꽃피우고자 하는 국민들의 소망이 권력자들의 욕심으로 마구 짓밟힌 시대였거든요.

독재를 꿈꾸는 권력자들은 하나같이 헌법을 자신들의 권력을 유지하기 위한 수단으로 이용하려 했어요. 그래서 수시로 개헌을 하며 불법적인 방법으로 입맛에 맞는 법을 만들어 냈지요. 그 때문에 이 시기를 '민주주의의 암흑기'라고 부르기도 해요.

그렇다면 전두환이 대통령이 된 뒤에는 어떤 사건이 벌어질까요? 어떤 법이 또 나오게 될까요?

세계의 이상한 법! 재미난 법!

법에는 그 나라의 문화와 환경이 담기게 돼요. 그 때문에 때론 이상한 법도 등장하고, 재미나고 별난 법도 생겨나지요.

미국 캘리포니아에는 '책가방 무게 제한법'이 있어요. 이 법은 2002년에 생겨난 법으로, 무거운 책가방이 학생들의 건강을 해치는 걸 막기 위해 생긴 거예요. 책가방 무게 제한법에 따라 책을 여러 권 들고 다닐 수 없게 된 어린이들은 대신 공부할 내용이 담긴 CD나 전자책을 가지고 다닌다고 해요.

미국 남서부의 애리조나 주에서는 '선인장을 보호하는 법'이 있어요. 만약 함부로 선인장을 자르면 징역형까지 받을 수 있어요. 애리조나 주는 '선인장의 도시'로 불리는 만큼 주의 상징인 선인장을 보호하려고 만든 법이에요.

에스파냐에서는 '소 방귀세'라는 세금이 있어요. 이 법은 2009년에 만들어졌어요. 소는 방귀와 트림으로 이산화탄소와 메테인을 많이 배출하는데, 이 가스들이 지구 온난화를 일으키는 원인 중 하나라고 하지요. 소 방귀세는 조금이라도 지구 온난화를 예방하려는 의도로 만들어진 법이에요.

터키에서는 음주 운전을 하다가 잡히면 특별한 벌을 받게 돼요. 바로 '집까지 걸어가는 벌'이에요. 음주 운전자를 잡으면 터키 경찰은 즉시 그 사람을 순찰차에 태워 집에서 30킬로미터쯤 떨어진 곳에 내려놓는답니다. 그리고 그가 걸어서 집에 들어갈 때까지 자전거를 타고 뒤따라가며 감시를 한대요.

그리스는 오래된 유적지와 유물로 유명하지요. 이런 것들을 보호하기 위해 생긴 특별한 규정이 있어요. 2009년 이후에 유적지 표시가 되어 있는 경우, 하이힐을 신는 것을 불법으로 규정한 거예요. 하이힐 때문에 유적지에 자국이 생기는 걸 방지하기 위한 거지요. 그리스에서는 중요 유적지에 술과 음료수, 음식을 가지고 들어가는 것도 금지하고 있어요.

더 좋은 세상을 위한 법!

직선제 개헌과 제10차 개헌

1987년 6월, 온 나라가 들끓었어요.
학생들과 시민들이 거리로 나오고, 교회와 성당에서 종을 울렸어요.
택시들은 빵! 빵! 경적을 울려 학생과 시민들을 응원했지요.
온 나라 안에서 민주 시위가 벌어진 거예요.
대체 왜 이런 일이 벌어진 걸까요?
시민들은 왜 시위를 벌인 걸까요?

6.10 민주 항쟁

대통령은 우리 손으로 뽑겠다!

1987년 1월 15일, 온 국민들의 관심은 텔레비전 뉴스로 쏠렸어요.

"어떻게 저런 일이! 대체 무슨 일이지?"

뉴스를 통해 엄청난 소식이 전해지고 있었거든요.

"농성을 벌이다가 연행된 대학생이 사망했다고 합니다."

당시 정부에서 벌이는 잘못된 일을 비판하다가 경찰에 끌려간 사람들이 있었는데, 그중 서울대학교 학생이던 박종철 군이 갑자기 죽었단 소식이 전해진 거예요.

갑작스런 소식에 사람들은 당황했지요.

"대체 젊은 학생이 왜 죽은 거야?"

"이유가 뭐래?"

그런데 경찰이 발표한 사망 원인은 너무도 어처구니가 없었어요.

"경찰이 농성 참가자들을 조사하는 중에 책상을 '탁' 치니 '억' 하고 죽었다고 합니다."

책상을 쳤는데 사람이 죽었다니! 말도 안 되는 이유였어요. 믿기 어려운 뉴스에 사람들은 울분을 터트렸지요.

"뭐? 탁 치니까 억 하고 죽었다고? 그게 말이 돼?"

"이놈들이 국민을 바보로 아나? 어디서 저런 거짓말을 하는 거야?"

당시 군사력으로 권력을 잡은 전두환 대통령은 박정희 대통령 시절

처럼 강압적인 정치를 하고 있었어요. 그러다 보니 국민들의 민주화 열망이 커질 수밖에 없었지요. 그러자 전두환 정부는 민주화를 주장하며 시위를 하는 사람들을 폭력으로 제압하는 일을 서슴지 않았어요.

뉴스의 내용을 곧이곧대로 믿는 사람은 거의 없었어요.

"분명히 뭔가 있어. 숨기는 게 있는 거야."

"이놈들이 대체 소중한 우리 자식들에게 무슨 짓을 하고 있는 거야?"

"진실을 밝혀야 해. 진짜 이유를 알아내야 해."

하지만 진실을 밝히는 일은 쉽지 않았어요. 사건이 일어나던 날 그곳에 있었던 사람들 가운데 양심 있는 사람의 고백이 필요했으니까요. 그 때문에 사건이 제대로 밝혀지는 데는 꽤 오랜 시간이 걸려야 했지요.

그리고 드디어 밝혀진 진실은 놀라웠어요.

"세상에나! 물고문을 했다고?"

"그러게나 말이야. 얼마나 모질게 고문을 했으면 스물세 살밖에 되지 않은 학생이 죽었겠어. 이 나쁜 놈들을 어떡해야 해?"

"국민을 지켜야 할 놈들이 죄 없는 국민을 죽이다니! 이런 정부는 필요 없어! 필요 없다구!"

진실 앞에서 사람들은 분노할 수밖에 없었지요. 가장 분노한 건 대학생들이었어요. 함께하던 친구가 고문을 받다가 죽었다는 진실 앞에서 분노하지 않을 수 없었지요.

"더 이상 이대로 있어선 안 돼."

"맞아. 권력을 잡으려고 국민을 죽이는 이런 정치인들은 필요 없어. 국민의 힘을 보여 줘야 해!"

뜻을 모은 대학생들은 민주화를 주

장하며 시위를 벌였어요.

"독재 정권 물러가라! 살인 정권 물러가라!"

시민들도 학생들을 따라 거리로 나왔지요.

"독재 정권 물러가라! 살인 정권 물러가라!"

하지만 국민들의 주장이나 시위에도 정권을 잡은 정부는 끄덕도 않지 뭐예요. 다음 대통령 후보로 노태우 후보까지 지명하며 말이에요.

"뭐야? 다음 선거에서도 자기네 당 후보를 대통령으로 만들어서 계속 권력을 잡겠다는 거잖아. 이젠 참을 수 없어. 저들을 물러나게 할 방법을 찾아야 해."

"저들을 물러나게 할 방법? 그래! 그 방법은 바로 직선제야! 대통령 직선제를 실시해야 한다고."

"직선제? 우리 국민들이 직접 선거를 통해 대통령을 뽑는 선거 제도 말이야? 아하! 바로 그거야! 지금 대통령 선거는 간접 선거제잖아. 간접 선거제로 하면 우리 손으로 원하는 대통령을 뽑을 수 없어. 선거법을 바꿔야 해."

"좋아! 이제 우리 국민들의 뜻을 알려야 해. 함께 소리쳐야 해!"

방법을 찾아낸 시민들과 학생들은 너도나도 거리로 달려 나왔어요. 그러고는 모두 힘을 모아 소리쳤지요.

"독재 정권은 물러나라!"

"우리 대통령은 우리 손으로 뽑겠다! 직선제를 실시하라!"

정의로운 법! 훌륭한 국민!

흔히 법에 대해 이야기할 때 법은 정의로워야 한다고 하지요. 정의로운 법이란 어떤 법일까요?

법에 대해 잘 모르는 사람이라도 그에 대한 답은 어렵지 않게 할 수 있어요. 국민을 위해서 만들어진 평등한 법! 그게 바로 나라의 주인인 국민들이 바라는 법이니까요.

그런데 이승만 대통령과 박정희 대통령은 그런 국민들의 바람을 외면했어요. 국민들을 위한 법이 아닌, 자신들의 권력을 위한 법을 만들기 위해 헌법을 고치는 일을 서슴지 않았어요.

그 뒤를 이은 전두환 대통령도 다르지 않았어요. 비록 대통령이 되자마자 손을 댄 '개헌'에서는 일부 기본권을 강화하고 대통령의 권한을 약화시키며 마치 민주적인 정치를 펼칠 것처럼 했지만, 결국에는 군사적인 힘을 이용해서 폭력으로 나라를 다스렸거든요.

그러자 실망한 국민들은 거리로 뛰쳐나왔고, 폭력과 독재에 반대하는 시위를 벌였어요. 그런 분위기 속에서 터진 사건이 바로 '박종철 고문치사 사건'이에요. 시위 농성을 벌였다는 이유로 경찰에 잡혀간 박종철 학생이 고문을 당하다가 사망한 사건이었지요.

이 사건은 그렇잖아도 폭력적이고 독재적인 정권에 혀를 내두르던 국민들의 분노에 기름을 퍼붓는 역할을 했어요.

그 결과, 온 나라 안은 독재 정권을 규탄하는 시위로 들끓게 되었고, 결국 국민들이 바라는 '대통령 직접 선거제'로의 개헌을 일구어 내게 되었어요. 선거인단이 대통령을 뽑는 간접 선거제를 국민들이 직접 뽑는 방법으로 바꾸게 된 거예요.

1987년 10월 27일에 국민 투표를 통해 확정된 이 개헌은 '이젠 우리 손으로 대통령을 뽑겠다'는 국민들의 염원이 담긴 의미 있는 개헌이었지요. 헌정 사상 처음으로 여당과 야당이 합의한 개헌이기도 했어요.

시대와 함께 변화하는 개헌

우리나라 헌법은 여러 번의 개헌이 이뤄졌어요. 총 9번의 개헌 과정을 겪었거든요. 그런데 그 과정을 보면 우리 국민이 겪어 낸 민주화의 과정과 같아요. 처음 발췌 개헌을 통해 "대한민국은 민주 공화국이다"라고 밝힌 이래, 국민이 겪어 낸 수많은 역경과 고난을 헌법도 함께 겪어 냈으니까요.

우리 국민들의 훌륭함은 바로 이런 과정에서 찾을 수 있어요. 대한민국의 국민들은 독재적인 권력자가 나타날 때마다 이에 굴하지 않고 저항했어요. 그리고 민주 정신을 담은 헌법이 그 정신에서 멀어질 때마다 똘똘 뭉쳐서 저항하며, 다시 제헌 헌법의 민주 정신으로 복귀시켜 놓았지요.

헌법을 개헌하는 일은 필수적인 과정이에요. 정의롭고 평등해야 한다는 법의 정신은 바뀌지 않지만, 시대와 사회가 변하면 그에 따라 법 조항들은 당연히 변해야 하니까요. 낡고 오래된 법은 없애고, 시대에 맞는 보다 민주적인 법들을 새롭게 만들어 내야 해요.

중요한 건 이런 개헌은 철저히 국민을 위한 것이어야 하고, 그 과정은 투명하고 정의로워야 한다는 것이지요.

서서히 제10차 개헌에 대한 이야기가 나오고 있어요. 제10차 개헌을 하게 된다면 우리 법은 또 어떻게 변화하게 될까요?

우와! 어마어마한 법전의 두께!

성문 법규들을 모아 편찬한 법령집을 '법전'이라고 하지요.

법전 전문 출판사들은 매년 새로운 법전을 출간하는데, 그 속엔 그 해에 바뀌거나 새로 생겨난 법들이 담기게 되지요.

사회가 변화하고 복잡해질수록 관련 법도 점점 늘어나요. 그러다 보니 법전도 점점 두꺼워지고 있지요.

과연 우리나라의 법전은 맨 처음 법전으로부터 얼마나 두꺼워졌을까요?

참고한 자료

《경국대전-경국대전을 펼쳐라!》, 손주현 글, 책과함께어린이, 2017년
《김영란의 열린 법 이야기》, 김영란 글, 풀빛, 2016년
《사회 선생님도 궁금한 101가지 사회질문사전》, 전국사회교사모임 글, 북멘토, 2011년
《역사 속 우리 법 이야기》, 홍경의 글, 스콜라, 2014년
《헌법의 상상력》, 심용환 글, 사계절, 2017년

이 책에 실린 저작권과 출처는 다음과 같습니다.

55p **경국대전** ⓒ 문화재청
73p **조선 총독부 청사** ⓒ 門田房太郎-Wikimedia Commons
85p **대한민국 임시 정부 첫 청사** ⓒ 국사편찬위원회
　　 대한민국 임시 헌장 ⓒ 국사편찬위원회
88p **제헌 국회 개원식** ⓒ 국사편찬위원회
96p **제헌 국회 개헌식장을 가득 채운 국회 의원들** ⓒ 국사편찬위원회
105p **박정희, 이승만** ⓒ Wikimedia Commons
121p **6.10 민주 항쟁** ⓒ 사진 제공 경향신문
131p **1959년 법전과 2019년 법전** ⓒ 현암사